ダイナミックな田舎暮らしのススメ

ダイナミックな田舎暮らしのススメ

―純粋に幸せに向かって生きる方法―

室田 泰文

ダイナミックな田舎暮らしのススメ

～純粋に幸せに向かって生きる方法～

はじめに

本書は都会から田舎に移住することを勧めたくて書いているのではなく、伝えたいのは『自由で幸せな生き方をしよう!』ということである。それをかなえる一つの手段として田舎暮らしがかなり有効なのだ。

田舎暮らしは都会に比べると劣っていると考える人は割と多いと思うが、実は今の時代、田舎での暮らしはかなり恵まれた環境になっていると感じている。広い土地や自然資源などが活用しやすく、それにより様々な活動が可能になるのだが、自分自身、日本の田舎ってこんなに凄かったのか! と驚いたものだ。そんな田舎暮らしスタイルを著者自身の経験をもとに紹介させていただく。

自分は田舎暮らしを検討する人々から多くの不安や質問を受ける。その内容は大体似ていて、経済的なこと、周りの人々とうまくやっていけるか、空き家や仕事が見つかるかどうか……。その際に毎回感じるのは、

「そこ、そんなに考えなくてもいいのになぁ」

ということだ。

一応これらの問いに対するQ＆Aも設けているが、自分が伝えたいのはそれらに対する具体的な一つ一つの解ではない。

そのような不安自体が浮かんでこないような考え方・行動力を身につけてもらうことに主眼を置いており、そこを理解してもらえれば目の前はかなり明るくなるだろう。特にこのような思いや不安を持つ人々に参考になれば幸いである。

＊田舎暮らしはしてみたいけど踏み出せない
＊日本は窮屈だから海外に移住したい！
＊田舎は閉鎖的で部落の人とうまくやるのは難しそう……
＊生きていくためにずっと競争にさらされる暮らしは辛い……
＊もっと自由に生きたい！

開拓なんて個人では無理じゃない？
独り身じゃないと動きづらくない？
平日に助けてくれる人なんか見つからなそう
社会から逃げたと思われたくない
☆☆コラム⑩　忙しいとは心を無くすこと

第五章　住みよい環境を作るために……………………………………
行政は民間とうまく連携を！
やる気がある人と繫がり、自ら環境を創っていこう！
自ら考え、行動力がある人を応援する仕組みを！
☆☆コラム⑪　獣害と狩猟　地獄？　天国？
競争的な生き方以外の選択肢の周知を
自分が力になれること
地域活性化の協力（みんなの街モデル普及）
パイオニアビレッジ（開拓村）作り

第一章　田舎暮らしを始めて
～こりゃぁ凄いぞ！～

田舎暮らしの紹介の前に、まずは自分自身がどのような経緯で田舎暮らしを始め、その良さを伝えるようになったかの経緯を述べさせていただく。

きっかけ

「自然の中で暮らしたい！」　～子供時代の経験から～

自分は子供の頃から自然の中で遊ぶのが大好きで、高校生の時には「自然の中で暮らしたい！」という気持ちをはっきりと持っていた。進路面談で希望の進路を書くとき、自分は「農夫、牧場主」と書いていたと記憶している。

実写版映画「赤毛のアン」に出てくるような雄大な自然の中に暮らしたい！　という強い気持ちを持っていたのだ。

自分がこのような強い気持ちを持つようになったのは、子供の頃に大自然の中で従妹達と遊びまくった経験がもとになっている。親族が野尻湖国際村（ＮＬＡ）というコミュニティの会員で、ナウマンゾウで有名な野尻湖に別荘を持っていたのだが、夏休みの一か月以上をその別荘で祖父母や従妹家族と共に過ごした。その暮らしがもの凄く心地よく、楽しいものだったのだ。もちろん、夏休みだというのは大きかっただろう。普段会えない（当時、自分は神奈川在住。従妹家族は東京在住）従妹達と朝から晩まで一緒に遊べたというのも大きい。

しかし、やはりあの大自然の中での生活環境が本当に心地よかったのだ。普段は早起きが苦手なのに、朝五時に起きて釣りに行ったり、朝七時からテニスをし、暑くなったら湖にドボン！ 湖でお弁当を食べ、また水遊び。泳ぎ疲れたらヨットに乗り、濡れまくるために夕方頃には唇が紫になるほど寒くなって、帰宅。皆で夕ご飯を食べた後、ちょっと宿題をやったりトランプをしたり……。また、トンボがたくさん飛んでいて、指をトンボの目の前でグルグル回しながら捕まえたりしたのも良い思い出だ。とまぁ、そんな感じで自然環境に対する心地よいイメージが自分の中でもの凄く大きくなった。

更に、自分にとってもの凄く有難いことに、この時の野尻湖国際村での経験は自然環境の良さ以外にももの凄く大きなヒントをもたらしてくれた。野尻湖国際村は日本にありながら日本ではない、まるで外国だった。公用語は英語で、実際に住んでいる人も日本人よりも外国人の方が圧倒的に多かった。以下に自分の興味を惹いた国際村の特徴を列挙する。

＊お金持ちでなくてもヨットに乗ったりゴルフをしたり、優雅な暮らしが送れる。
＊家は自分達で建てたものも多い。
＊道づくりなども自分達で行っている。
＊喧騒にまみれないように運営・管理。

自分はゴミゴミしたのは好みではなく、簡素な環境が好きで、野尻湖国際村はまさにそんな感じだった。日本では一般的に利便性や効率の良さを優先しがちだが、それよりもシンプルで渋い点が自分には非常に心地よかったのだ。

例えば、敷地内の道路はアスファルトではなく砂利道である。アスファルトに比べて砂利道の方が車は走りにくいが、それがむしろ敷地内を車がブンブン走らないようにしてくれていると肯定的に考えているようだ。それどころか道の途中にバンプを設置し、更に減速させるようにしたりしている。

コラム①　外国人もびっくり⁉

自分が長野県の野尻湖に滞在中、ドイツ人の大学教授と話す機会があった。そして彼はこう言っていた。

「日本の山は凄い！　こんな素晴らしい環境が全然使われず放っておかれているなんて！　ドイツ人は森の民で、森が大好き。ドイツだったらすぐに皆で使っちゃうのに、日本人はほとんどが街に出てしまい森を活用しないが、我々から見たらすごくもったいない。」

そう、まさに自分の考えと同じ意見だった。日本は狭く、人口密集しているように感じる人は多いが、実は皆が同じ場所に集まっているだけで、田舎や山には沢山の素晴らしい場所が残されているのだ。

海外移住を希望　～静かにゆったりとした環境を目指して～

このような経験から、自分は単に自然が沢山あるところで暮らしたいというよりも、自然がありつつも静かにゆったりとした環境で暮らしたいという気持ちが強くなっていった。

高校卒業後、大学、大学院と進み、富士フイルムの化学研究員として就職した。サラリーマンになって周りを見てみると、時間に追われ、経済的な制約に縛られ、活き活きと生きることができていない人が多いと感じるようになった。

それに対し、旅行で行ったニュージーランドでは、のびのびと人生を楽しんでいる人が多いよう感じて、そんな背景から、自分は将来住むなら海外にしようと思うようになった。日本はごみごみしているし、人々がちょっとあくせくしすぎていると感じていたからだ。

会社に勤めながら夏休みや冬休みなどの連休を活用してたくさんの国を見て回った。そして時間に追われる競争社会よりも、自由にゆったりとした生活を望んだ自分は、五年半勤めた会社を辞め、本格的に暮らしのシフトを模索開始。最終的にニュージーランドに候補地を絞り、現地で土地探しを始めた。

今思えばこの探し方がいまいちだったのだが、自分はインターネットや掲示板、新聞や不動産などから情報を集めて検討した。自分としては四～五ヘクタールぐらいの広大な土地で値段は一五〇〇万以下ぐらいが希望だった。

「人間が少なく羊ばっかりのこの国は、人口密度も低いし土地の値段なんか凄い安いんじゃないかな♪」

しかし、そんな甘い期待はすぐに裏切られた。普通に億単位の値段だったのだ（今思い返すと、ニュージーランドでも現地に知り合いを作り、人づてに情報を集めたらもっとずっと良い条件の土地が得られた可能性はある）。さすがにそこまでの蓄えがなかった自分はとりあえず海外移住は様子見とした。

退社した訳　足の引っ張り合い文化

会社を辞めた自分は自由に使える時間がいっぱいあったため、いろいろなことを考えた。その考えはどんどん深くなり、どんどん哲学的になっていったのだが、まずは自分が会社を辞めたきっかけについて少し補足する。

自分は自然の中で自由に暮らすつもりでいたため、会社ももともと五年くらいで辞めようと思っていた。実際に自分が退社したのは入社して五年半後だったので、もともとの予定通りではあったが、実はそれ以上に自分に退社を決意させる大きなきっかけがあった。

当時、自分の働いていた部署はもの凄く忙しかった。土日も休めず、平日も二三時に帰れればまぁ良しで、日にちをまたいでしまうことも多く、朝は七時過ぎには家を出るような生活が続いていた。最初はタイミング的に忙しいのかと思っていたら、それは恒常化し、気づけば当たり前になっていた。

ある金曜の夜に会議があり、その会議で上司は言った。

「今の課題は○○だから、それに対する実験をして結果を確かめる必要がある。結果がわかったらそれをグラフにまとめて、明日の昼までに俺にメールしてくれ。」

金曜日の夜なんて、普通で考えたらどこかに遊びに行ったり楽しく過ごすものだと思うのだが、自分の職場にはそんな雰囲気はまるで無く、土日でも仕事するのが当たり前とみなされていた。ただこれは富士フイルム全般がそうだった訳ではなく、自分の所属していたグループが特別であったことは補足しておく。

その会議後、自分は先輩、後輩と三人で共に実験を行った。順調に行っても実験は夜の二時か三時くらいまでかかる内容だった。自分は、当時四〇歳くらいだった先輩に尋ねた。

「先輩はお子さんとかいるのに、いつも仕事で休みもなく、帰りも遅いのって大丈夫なんですか?」

そしてそれに対する答えが、

「うん……まぁ、しょうがないよ。子供は寝顔以外見ることないなぁ。」

え?!! 起きている子供に会うことができないのをしょうがないで済ませるなんて……

それって感覚がかなり麻痺していないか?

仕事が終わらなかったら家族にも会えないのか?

仕事ってそんなに人生で重要なのか？
そんな訳ないだろう？
生きるために仕事をして稼ぐのはわかるが、仕事のために生きるなんておかしくないか？

自分の頭の中にはぐるぐるといろいろな考えが回っていた。先輩が仕事が大好きで、思わず休みも取らずに夜遅くまでやっているのであれば別に何も思わなかったというか、逆に凄いなと思っただけだっただろう。しかし先輩は明らかに疲れていたし、その状況を喜んではいなかった。ただ「しょうがない」と飲み込んでいたのだ。

いや、こんなのは絶対におかしい!!

自分は実験なんかしている場合じゃない。こんな状況を変えるためにはどうすべきかを考えないとと思い、実験の手が止まった。しかしその後すぐに思い返した。

これはチームでやっている実験だ。自分の実験が進まないと先輩の帰りは更に遅くなってしまうぞ！　考えるのは実験の合間にしよう。

化学実験の場合、仕込んでから数時間はかくはんして、反応を促進するための待ち時間になったりするので、考えるのはそのタイミングにすることにしたのだ。ささささっと実験を仕込み、反応完了待ちのタイミングとなり、自分はまた考え始めた。が、数分するとまた仕事に戻らなければならなかった。

よく考えたら今のうちに実験器具の洗い物をしたり、出てきたデータをまとめるためのグラフ作成などの準備をしておかないと帰りが更に遅れることに気がついたからだ。最終的に提出する形まで持っていくには、実験の結果がこうだったらこう、ああだったらああという感じにシミュレーションし、どちらの結果が出てもすぐにまとめられるように準備を進めていたら……。あっという間に実験の待ち時間は終了してしまった。

おおお！　仕事が忙しすぎる人生なんておかしいではないか？　と考えようと思ったのに、仕事が忙しすぎてそれを考える時間がなかったぞ!!

この経験は自分にとって本当に大きかった。

しかもこの時、後輩の様子を見に行ったら休憩室で倒れて寝ていた……。連日の疲れでグロッキーだったのだろう。入社一年目からこんな感じで、周りの先輩が疲労困憊の様子を見たら、後輩も希望を失ってしまうだろう。

人生の中では仕事より重要なことはいくらでもある。しかし仕事が忙しすぎると、その重要なものについて考える余裕さえなくなってしまう。自分は周りにそういう人をたくさん見ていたし、自分自身までもが一瞬でもそうなってしまっていた事態を重く受け取った。世界中にはこのような境遇に陥っている人は凄く多いんじゃないだろうか。

もっと自由に生きるという選択肢があるということを知らしめるべきだ！

自分は「しょうがない……」なんて言葉では片付けないぞ。選択肢は常に自分で選べるんだ！

そんな気持ちが沸き起こったのが、会社を辞めた理由の一つ。そしてもう一つの理由は、営利企業という体質が自分にはそぐわなかったからだ。入社時の自分の任務は、世界一の印刷版を作ることだった。本社の部長が自分を特別扱いしてくれ、初年度からなんでもやらせてくれるという特権をくれたので、自分は非常にのびのびと研究をすることができた。仕事はやりがいがあり、世界一の研究者になるべく自ら休みの日も進んで文献を調べたりと研究を続けた。努力の甲斐あって新しい道を発見し、目的である印刷版の制作技術を確立できて凄く嬉しかった。しかし、その後に営利企業ならではの世界が展開していく。

自分のモチベーションは「これまでにないような印刷版を作り、ユーザーを喜ばせよう！」というものだった。しかし会社が目指すのは、良い商品を作ったらその権利を独り占めして利益を得ることだったようだ。そしてライバル会社も同じようなことを考えていたようで、こうなるとどういうことが起きるかというと、互いに足を引っ張り合いだすのである。

具体的には特許で相手の動きを制限するという競争が繰り広げられる。自分は自身の技術を他社から守るための特許を数多く出すことを求められ、ライバル各社は自分の技術を潰すために邪魔する特許を書いてくる。面白いことにライバル会社にはそのための専門部署もあると聞いたが、他社の足を引っ張るのが仕事なんて、なんだか性格が歪みそうだ。

戦国時代で言ったら忍者みたいな感じだろうか。そう聞くと格好よく聞こえたりもするが。実際、自分の発見した道は他社に邪魔され、最初に見つけた道へは進めなくなった。そのために迂回路を探すという新たな仕事が増え、なんとかその道を見つけるも、今度はその道を守るための特許を書く作業が増え、ライバル各社はそれをまた邪魔しようと躍起になる……。

特に違和感を感じたのは、自分がユーザーに喜ばれるような開発技術を発見するのにかけた時間よりも、それらを守ったり、相手から邪魔されたために迂回する方にずっと時間がかかったということだ。

会社が足を引っ張り合わず、協力し合えたとしたら、お互いに仕事時間は凄く短く済んだはずだ。お互いの長所を生かし合えばより良い商品になるし、開発コストも抑えられて、商品も安くできるのでユーザーも喜ぶはずだ。

「なぜそうしないんだ！　大企業と呼ばれ、世界のトップで戦っている人ってそんなこともできないのか?!」

会社は社員を養う必要があり、そのためには利益を上げる必要があって、株式会社だから株主のためにも利益を上げなくてはならないというのは理解できなくはない。でもそのために世界中で足の引っ張り合いをしているという図式は、自分にはまともに思えなかったのだ。

そんな感じで自分は会社を辞めたのだが、このような経験ができたこと自体は、自分にとって非常に有難いことだった。苦しみながら生きる社会人が、非常に多いことを実地で見ることができたからだ。

人はなんのために生きているんだ？

自分は仕事にしがみつく必要はなく、やりたければやればいいし、やりたくなければいつでも辞めればいいと思う。不満を持ちながらも続けるのは、自身にとってもストレスになるだろうし、会社としてもその人に良い働きは期待できないだろう。

自分は素直にそう思うので、辞めようと思ったらすぐに辞めた。逆に会社に通っていたときは自らの意思で行きたいから行っていた。そんなのは自分としては当たり前だったのだが、他の人にとっては当たり前ではなく、身動きが取れない人が多数いることが先述の体験を通して深く理解できた。

「自分の気持ちに素直に生きることができないなんて、そんなのはおかしい」

自分はそんな環境に非常に強い違和感を感じた。

「不満を持ちながらもなぜ会社に行き続けるんだろう？　嫌なら辞めればいいのに」

ローンで家を買ってしまったからとか、給料が入らなくなると生活費が足りなくなるからなどの不安を感じるというのは分かる。それでもやはり強烈な違和感を感じるのは自分の性格によるところが大きかった。

自分は子供の頃から心の姿勢を重要視していた。やるならやる、やらないならやらない、タラタラやるなんていうことは絶対にしないように気をつけていたのだ。というのは自分の気分が乗ってやる気になっている時には簡単にできることが、自分が乗ってない時にはもの凄く効率が落ちたり全然できなかったりするということを、何度も何度も経験していたからだ。

例えば集中してやれば二〇分で済む宿題が、テレビを見ながらだと二時間経っても終わらないなんてことは、皆さんも経験があるのではないだろうか？　自分はそれに気づいてから、そういうのは絶対にやらないようにしていたのだ。自分が会社で見た光景は、まさに自分だったら絶対にやらないようにしている行動を、多くの人達が日常的に行っている状況だったのだ。

小学校の夏休みの宿題ぐらいだったらまだ良い。五日で終わるものを二〇日かけたとしても、それほど大きな問題ではないだろう。若いうちに色々失敗するのは学ぶきっかけにもなる。でも会社の仕事においては全然違うと思う。もしかしたら人生の大半の時間をそこで過ごす可能性もあるのに、それを気分が乗らないまま過ごすとしたら、人生の大半の時間を自分のポテンシャルが発揮できないまま生きることになってしまう。

「みんなは本当にそれで良いのか?!　それではお金をもらうかわりに奴隷になっているみたいじゃないか」

自分は強くこう感じた。そして人々がそのような状況に陥ることのない幸せな世界を創るにはどうすればいいかを考えるようになった。どうしたら人々が足を引っ張り合ったりせず、気持ちよく支え合うのが当たり前になるのだろう。

それを皮切りに、考えはどんどん深くなり、哲学的になっていった。

そもそも自分はなんのために生まれてきたんだ?

この探求心はもの凄く大きくなり、答えが出るまではそれ以外のことはしない！　と決意した。そして実際に退社後の九年間、仕事にも出ずに探求し続けた。この経緯に関しては本書の内容とかなり乖離するのでここでは割愛するが、退社後に移住に踏み切るまでには九年間もの時間を経ていたことだけ伝えておく。

そしてこの時の経験が、後の活動に大きな影響を及ぼすことになる。

日本は実は凄い！

話は少し戻り、退社後に自分は将来を切り拓くための情報を得ようと、沢山の本を読んでいた。そしてその中に面白い情報を発見した。

日本は山岳地帯が多いが、同じように山岳地帯が多く経済的に成功している国から学ぼうと、スイスやドイツなどに国から視察・調査団を派遣したことがあるらしい。その調査結果が非常に面白かった。自分の記憶が正しければ、山を開拓して牧場とし、素晴らしい景観を作って観光資源として活用するにはどのような条件が重要かを調べていたところ、視察に訪れたドイツやスイスに比べてむしろ日本の方が条件が優れていたことが判明したというような内容だったのだ。

自分は映画「サウンド・オブ・ミュージック」に出てくるような山岳地帯の風景が凄く好きで、できればあんなところに住みたいなあと思っていたが、

「ポテンシャル的には日本はそれにも劣らないということかもしれない……」

この本は自分に日本のポテンシャルをもう一度見直すきっかけを与えてくれた。そして野尻湖国際村の素晴らしさをまた自分に思い出させてくれたのだ。

「よく考えたら日本にも、静かでゆったりとした豊かな自然環境に囲まれた場所があったじゃないか！」

「土地さえあれば、自分でそんな環境を創ればいいじゃないか！」

そして日本国内で拠点を探し始めた。海外移住希望だった自分としては、場所はどこでもよかったが、緑が多く、標高が高い所に住んでみたいという気持ちがあったので、Google Earthというパソコンのソフトを用いて、上空から鳥の視点で日本を見てみた。緑が濃い地域としてパッと目についたのは東北、千葉、山梨、長野、伊豆、九州あたり。

この中で標高が高いところと言えば長野・山梨エリアだった。

そこでシステムの中でその辺りをズームアップ。グーグルアースでは本当に自分が鳥になったように俯瞰できる。眺望やお日様の当たり方などを見ながら、自分が鳥だとしたら舞い降りたい土地はどこかを探した。

そして見つけたのが山梨県北杜《ほくと》市である。『駅から○○分』みたいな売り文句とはまるで関係なく、ただ自分が舞い降りたいところに降りる……。


そんな直感で選んだ場所なのだが、後で聞くとその場所は、縄文時代の銀座？　で最も栄えていたような場所だったらしい。昔の人達も直感で場所を選んだのだろうから、その辺がもしかしたら自分と似ていたのかもしれないと思い、思わず笑みがこぼれた。

自分は世界を周って理想の地を探していたのに、なんとこんな近くにあったとは！

平坦な道ではなかったが……

山林ではなく農地？

候補地が決まり、さっそく現地に視察に行ってみた。夜は車中泊をしたのだが、冬の夕イミングで、もの凄く寒かったのを覚えている。温暖地の静岡在住だった自分にとって、寒冷地はこんなに気温が違うのだと実感した。

自分は山には興味があったが畑にはまるで興味を持っておらず、畑を探そうという考えは当初は持っていなかった。当時、精神探求に明け暮れていた自分は頻繁に瞑想を行っていたのだが、その時に頭の中に出てきたのが農園だったのだ。まさにお告げである。自分は直感には素直に従うようにしていたので、「畑だと?!」と驚きつつも農地探しを開始。後でわかるが、これがまさにビンゴ！　であった。

なかなか借りられない……

農業従事者の高齢化により全国的に離農が進み、耕作放棄地が増えて問題になっていた。調べてみると山梨県は当時（二〇一一年）、耕作放棄地率が長崎県に続いてワースト二位だった。

「なるほど……自分の候補地は農地が有り余っているのか。であれば、畑を借りたいと言ったら歓迎されるだろうな♪」

しかし、そんな淡い期待はもろくも崩れ去った。「北杜市は新規就農者に人気があり、ご希望に沿うような農地をお貸しすることはできません」、役場の担当者から告げられたのはこんな感じだった。「あなたに貸す農地なんてありません」という冷たい感じだ。

何故こんな対応になったかというと……、市の職員の質問に対する自分の答えがお気に召さなかったようだ。

1、草を刈りますか？　との質問に対し、
　必要があれば刈るが、必要がなければ刈らないと答えた。
2、どんな営農をやるのですか？　との質問に対し、
　取り敢えず色々と植えて考えますと答えた。
3、農業経験がないなら最低半年の研修を受けて下さいとの依頼に、
　それよりもまずは自分で色々と試したいと答えた。

自分は自分の素直な気持ちを伝えただけだったのだが、職員の方からすると危ないと判断したのだろう。

「耕作放棄地率ワースト二位なのに新規就農が歓迎されないなんて、なんて面白いんだ！」

それから俄然、土地探しに熱が入った。市が手を貸してくれなかったので自分自身で空いている土地を探し、その地権者に連絡を取ったところ、「貸すのは良いが役所を通して

くれ」とのことだった。

と言うことで、再度市役所に。そして最初と同じ質問や確認事項が繰り返された。それらに対する自分の答えは最初の時と全く変わらなかったが、その背景にある自分の考えを再度丁寧に説明した。そして相手が何を考え、何を心配しているかを知ろうとしたところ、やはり立場の違いによる考え方の違いがあった。

＊先の回答に対する職員の方の捉え方

1、草刈りをしないと周りの農家に嫌がられる可能性がある。

2、読めない経営は不安がある。

3、習いもせずにできるわけがない。

＊自分の想い

1、草刈りをして畑が乾いたら水やりが必須になる気がするので、できれば避けたい。

2、初めて来た土地で、試しもせずに「コレをやります！」と決め打ちするより、余程自然な気がする。

3、すべてを人がコントロールするのではなく、自然に任せて食物が得られるのかを試したい。でもそれは農業技術として習うものとは方向性がかなり異なる。

話し合いを繰り返した結果、思いは通じ、農地を紹介してもらえるようになったのだ。しかも、その頃には積極的に自分を応援してくれるようにまでなっていた。実際、その後には職員の方から「他にもこんな土地があるから活用しませんか？」という提案を頂いたり、「室田さんの件がその年に紹介した中で一番興味深いと思っていたので、現地を見に行っていいですか？」と様子を見に来てくれたりした。

これは相手の気持ちをしっかりと受け止め、更に自分の考えを相手にわかるようにしっかりと説明したのはもちろん、他の助けがなくても自分ひとりの力でなんとかしようとやってみせたことが信頼度をあげたのだと思っている。

この経験は非常に大きく、自分がこの本を書きたいと思った背景の一つでもある。自分自身の動き次第で職員（や他の人）の対応がガラリと変わり得るということを多くの人に知ってもらいたいと思えたからだ。

コラム② 実は瞑想がキーだった？

土地を探すときのヒントを得られたのも開拓時に自然の助けを得られたのも、ふと頭にイメージが浮かんだからだ。自分の頭では考えつかないような答えをメッセージとして受け取ることができるようになったのは自分が瞑想をするようになってからだ。

二六頁に書いた『お告げ』というのもその一つ。当時、自分の人生で得た知見を人々に伝えようと考えていたのだが、その方法が浮かばなかった。考えても答えが出ないので瞑想を行ったところ、気づくと頭の中に『畑』というキーワードが浮かんでいたのだ。これは自分自身が考えて得た答えでないことははっきりと分かった。なぜなら自分にとって畑は、一面レタスなどの野菜が並んでいる不自然なイメージで、自分が理想とする環境とはほど遠いと思っていて、自らそのような環境を求めることはありえなかったからだ。

そう、この答えはまさに天から降ってきた感じだった。

最初は非科学的な気がしてうさん臭く思っていた瞑想だが、実はもの凄く意義があったのだ。これは体感しない限り理解してもらえないと思うが、本当に意義深いので、もし良かったら試してみてほしい。ただ、効果を実感できるまで瞑想を極めていくのは本当に難しい（でもだからこそやりがいがあり、面白い）。ビヨンド自然塾では瞑想指南も行っているので、やり方がわからない方は受講を考えてみてほしい。

開拓開始

紹介してもらった土地を見せてもらい驚いた。二〇年以上放棄されていたところらしく、もはや田畑という感じではない。大きな木もバンバン生えていて、まさに山林のようだったのだ！

きれいに耕された畑を期待していたら面食らったと思うが、自分にとってはそれこそがまさに求めていた環境だった。面積は六・五反（六五〇〇㎡）。ただ、木や草が生えまくっていて使いにくいので、ある程度の草木は残しながら畑としても使えるように木の伐採・伐根などを行うことにした。

県が無料で開拓してくれるという話もあったが、それだとのっぺりとした平地にされそうだったのでお断りし、自らやらせてもらった。とはいえ、自分は働きにも出ておらず収入がなかったため、開拓にお金はかけたくなかった。ということで最低限の道具で開拓を開始。

自分が用意したのは草刈り鎌、大鎌、のこぎり、斧、ツルハシ。斧で木を切り倒し、ツルハシで根っこを掘って木の抜根を進めた。直径六〇センチ位の丸太もあったが、チェーンソーがなかったため、玉切りが非常に大変だった（その後、開拓の終わり頃になって中古を購入）。玉切りをできるだけしないで片付けるため、地面に穴をほって長いまま丸太を埋めた。この方法だと一人で斧とのこぎりだけでも片付けることができたのだ。

とはいえ、一人で開拓を進めるのには時間や労力が厳し目……。そんな時、すばらしい助っ人が現れた。それは虫さん達だった。木は切り倒すことよりもそこから枝を払ったり短くして運んだりするほうが手間がかかるのだが、虫さん達が木や草の分解を早めることでそこを手伝ってくれたのだ。実は虫さん達に手を借りればいいかなと気づいたきっかけも、これまた「お告げ」だった。

この辺は信じてもらうのは難しいかもしれないが、瞑想的な生活をしていた結果、急にイメージや言葉が頭に降ってくることがよくあるのだ。

最初は自分の力に任せて物理的に木や草を倒す感じで動いていたが、それからは虫達の働きを信じ、虫達が動きやすいように作業することを意識しだした。例えば、木を切り倒しはせずに斧で傷をつけ、「この木は朽ちて倒れてくれるといいな」などと思いながら放置しておいたら、気づくとアリがびっしりとその木の幹についていて、中身が食われてスカスカになっていたのだ。凄く面白いことに、幹だけでなく、その木から出ている枝達もスカスカになり、のこぎりを使わずに手でポキっと折れるようになったりした。また、たまたま知り合った人が重機を所有しており、彼から小型のユンボをお借りしてクズの根の除去をしたり、道づくりをしたりもした。

開拓が終わり、野菜を育ててから市の担当の人に報告したら、興味を持って現場に見に来てくれた。担当者やその関係者達は自分が独力で開拓するのは無理だと思っていたらしく、現場を見ながらどうやったのかと尋ねられたので、「意表をついて虫さん達が手伝ってくれたんですよ。」と伝え、実際に手で木の枝をポキっと折ってみせると、「そんなやり方初めて聞きました。」と感心してくれた。そしてこれがまた良い循環を生み出す。

「こんな風に開拓して使用することができるのであれば、この山の裏側も使ってみませんか？」

前は「あなたに貸すような土地はない」的な感じだったのが、むしろ使って欲しいと思ってもらえるようにまでなったのだ。

自然の恵みを実感

作物を育てられる土地を手に入れたので、色々と育ててみることにした。自分はバリバりの生産農家になりたかったわけではなく、食べ物が大地から得られるようになれば良くてそれらを得るための労力が少ない形が理想だった。

そこで自分が目指したのは、水や肥料をやらなくても勝手に作物が育つ環境づくり。自然農法、自然農、自然栽培、炭素循環農法、アグロフォレストリー、パーマカルチャー……など参考になりそうな本を読み漁り、広く知識を得たうえで自分の感覚を得るために実践を開始。

取り敢えずいろいろな種をいろいろな環境に撒いてみた。水遣りとかはせず、適宜草取りだけ行ったところ、いまいち育たなかったものも多かったが、良い感じに採れるものも割とあった。実際、家族で食べるには多すぎる量が採れたので、自然食品店などに少量出荷した。

食べ物が大地から出てくる……

当たり前だが豊かさを感じたものだ。そしてそれよりも更に自然の恵みを感じさせてくれたのは筍やクリ、ザクロや山菜などだった。これらは水遣りどころか種撒きすらせずに

毎年恵みをもたらしてくれた。
　縄文時代は主食だったと言われるどんぐりやくるみも沢山拾うことができる。こんなのを見ていると「取り敢えず食べ物はなんとかなりそうだな」という気持ちになった。
　そして更に、お肉も入手可能なのだ。自分の住む場所は山間地でシカやイノシシのような獣がうようよ徘徊しているのだ。二〇年くらい前は問題ではなかったそうだが、今では畑を荒らす獣害として問題視されており、定期的に駆除対象になっている。ただ駆除するだけでなく、それらを恵みとして頂く（ジビエ）ことが可能なのだ。

衣食住足りれば不安は減る

土地があれば食べ物はある程度自然にもたらされる。作物を植え付けたりお米を育てたりすれば、更に豊かにしていけるだろう。そして土地があれば家を建てることもできる。業者に頼むのではなく自分達で建てれば、コストをだいぶ下げることができる。廃材や山にある木などを活用できれば、更に安くできるだろう。食べ物が得られ、住むところまで得られれば、衣食住のうちの食住が満たされる。現代では着るもので困る人はかなり少数だと思うので、食住を満たすことができれば生きていく上での不安感はかなり減るだろう。

そんなことを示せればと知り合いの大工さんと共に小屋作りワークショップを開催し、参加者を募って皆で2×4工法で小屋を建てた。小さいながらも自分達の力で家を建てたのは大きな経験になったと思う。

自分は収入がなかったため、お金はかけられなかった。大工さんの当初の見積もりは二〇〇万円くらいだったのだが、お金をかけなくても家が建てられることを示したかったので、工夫をした。材料は新品を買うのではなく、極力不用品などを譲り受け、どうしても買う必要がある資材などはイベントの参加費で賄える程度に抑えることにした。更に公的なイベントとして助成金を申請してそれも活用した。結果、実際に自己資金からの出費はほぼゼロだった。

お金がなくても家を建てることができたのだ！

また、周りを見ると空き家もたくさんあった。実際、山梨県は空き家率全国ワースト一位だったらしい。自分はこの空き家も活用させてもらった。

人づてに空き家情報を集め、自由に使わせてもらえるようになったので自分のもとに研

修やボランティアに来てくれる人々の滞在場所としてそこを活用した。

収入がそれほどなくても食べ物は得られ、住処も手に入れることができる……。まぁ、実際、縄文時代はお金なんかなくても生きていけたわけだし、野生動物などは普通にお金など気にせずに暮らせている……。

そんなことを考えると、自分は凄く恵まれていると思った。

「使わせてもらえる土地があり、空き家もある。取り敢えず生きていける！」

自分は海外移住希望時に海外に関する情報を色々と集めていたが、その時に凄く印象的な放送をテレビで見た。「海外に住む日本人」みたいな番組だったのだが、ブルガリアに住む夫婦二人（たしか奥さんが日本人で、ご主人はブルガリア人）で、半自給自足的な暮らし方をしていて、野菜は自分達で育て、ミルクは隣の牧場から入手するような生活。その時の二人の生活費が二人で月五〇〇〇〇円くらいだったように記憶している。

もし本当にそんなお金で暮らしていけるのだとすると、一年でも六万円。ちょっと多めに見積もっても一年一〇万円。当時自分は三〇歳くらいで妻がいたが、「あと七〇年生きるとしても七〇〇万円あれば夫婦二人で暮らしていける！　となると、今の貯金ですでに働かなくても暮らしていけるということじゃないか！　現地語は話せないけど、住めばすぐに覚えるだろうし、なんの問題もないな。」と思い、生きていく上での経済的な不安が凄く軽くなった。

「ブルガリアであれば七〇〇万円だとしても、ミャンマーとかだったら二〇〇万円だったりするかもしれない。こうなると最早、生きることに関してお金は問題ではないということになる。」

番組を見た頃はそのように思ったのだが、実際に自分が田舎暮らしを始め、自然の恵みを享受できるようになったり、家を建てたり安く借りれたりするようになると、いつの間にやら自分の生活も人々に希望を与えるものになっていると思った。

「何も海外に移住しなくてもいい。日本でも不安なく暮らしていけるんだ。それを示すモデルになろう！　そう、『日本のブルガリア』になろう！」

会社員時代に見た光景、「しょうがなく働く」人が多いのは、生きていくうえでの不安が強いのが原因だろう。それほどお金がなくても食べて寝れるということを多くの人が実感できれば、その不安は払拭され、素直な気持ちで生きていける人が増えると思った。会社を辞めた際に思った「自由な選択肢があることを知らしめる」こと、すなわち、「素直に生きるのが当たり前な世界を創る」ことができると思ったのだ。

人々に伝えよう！

こうして私は自分のライフスタイルを多くの人々に伝えようと思うようになった。また、そのように思ったもう一つのきっかけがあった。それは実際に自分が北杜市に暮らしてから地元の人々や市の職員、市長などの言葉を聞いて感じた違和感であった。

静岡から山梨に引越して二年ほど経ったとき、なんといきなり町の代表区長に選ばれたのだが、そのおかげで市の職員やその他多くの人々の意見を聞く機会を得た。市としては経済的に潤うことが大きな目標としてあるようで、「仕事を増やし、使っていない土地はできるだけ開発するのが良し」的な考えが強かったように感じた。

当時北杜市は人口が減少しており、特に若者が東京などの都会に流れる傾向が強く、問題になっていた。その流れに抵抗するべく、東京に負けまいとできるだけ北杜市も開発していこうという方針だったようなのだが、これは自分からするともの凄い違和感があった。自分は自分と同じように県外から北杜市に移住してきた人々を多く知っていたが、これらの人々の大半は北杜市の大自然に魅力を感じて移住してきていた。北杜市が東京とはまるで違うからこそ魅力を感じていたのだ。

それなのに北杜市を東京に近づけようと頑張るなんて……

地元の人々も北杜市をそれほど素晴らしいとは思っていない方がわりと多く、「よくこんな何もない所に（引っ越して）来たね」みたいな意見をもらうことも度々だった。ここで自分はこう思った。

「北杜市のこの素晴らしさに気づいていない人が多すぎる！　ここでの暮らしを気軽に体験できる場所を作り、みんなが気楽に移住できるようにしてあげたら、むしろ人々は殺到するだろう！　過疎化どころか、人々の流入を制限しなきゃいけないくらいになるんじゃないかな。」

北杜市は過疎で困っている。一方、都会に住み、田舎暮らしを希望しつつも実行できないで悶々としている人もたくさんいる。自分が北杜市での豊かな暮らしを伝え、移住の手助けをしてあげれば両者がうまくマッチングし、お互いにハッピーになれるはず。

そして田舎暮らしの楽しさ、豊かさを知る人が増えれば北杜市のみならず、日本中の田舎の活性化に繋がる。そう考えた私は、自分の提案する生活をそのまま体験してもらう施設（ビヨンド自然塾）を作り、田舎暮らしや持続可能な暮らしなどに興味を持つ人々を受け入れながら自身の活動をブログやSNSで発信するようになった。

そしてこれまでに数千人もの人々が利用してくれているが、これらの多くの人々と話すことにより、田舎暮らし体験を必要とする人はもの凄く多いと感じ、多くの人々に自分の活動を知ってもらいたいという気持ちはより強くなった。

「自由な選択肢をとることができる」ことを知っている人は本当に少ないようで、それを知らないために気づくと年を取っているような例をたくさん見てきた。

ビヨンドを訪れる人で一番多いのは三〇代と四〇代だった。就職してから一〇年から二〇年ほど経過し、仕事や人間関係に疲れたり、不満を持ったりしつつも何とか続けてきたが、「もう、無理！　なんか違う道を探さないと！」という気持ちが強くなるのがこの年代のようで、そのような人々がブログを見たり口コミで訪れてくれている。そして皆が言うのが「もっと早くこういう選択肢を知っていればよかった」という言葉だった。

このところ大学生や若い社会人など二〇代の比率が上がってきている。最近の傾向として、将来に不安を感じる年齢層が早まったようだ。ただ、一度就職すると会社にしがみつきたくなる人は多いので、できれば就職する前の大学生くらいまでに「色々な生き方があり、生き方は自分で選べる」ことを知ってもらえたらうれしい。

第二章　ダイナミックな田舎暮らしって？

自分がビヨンド自然塾で伝えている、本書のタイトルでもあるダイナミックな田舎暮らしとはどういうものかを説明する。

【デジタル大辞泉】

ダイナミック；力強く生き生きと躍動するさま。

田舎は都会と比べて活用できる空間が広く、木や草、岩などの自然素材があふれている。これらを活用することで、都会では難しいはっちゃけた行動が可能であり、本書ではそのような行動がとれる暮らしをダイナミックな暮らしと呼んでいる。

ここではまず、ざっくりとその例を紹介させていただく。

＊田畑、山林、竹林、川など活用できる空間が多数！

＊日常的にキャンプ、キャンプファイヤー、ＢＢＱが可能。

＊土地や資源があるためにセルフビルド（建物を自分で建てる）しやすい。

＊空き家を活用することで好きに使える拠点が持てる。

＊自然の恵み（米、山菜、野菜、果実、ジビエ肉など）が沢山採れる。
＊開拓することで使える空間を増やせる！
＊行動に対する制限が緩い。（木登り、焚火、野焼きなど）
＊自由に活動できる時間を持てると活動範囲がかなりアップ！

また、自分が実際に居住し、ダイナミックな暮らしを営んでいる山梨県北杜《ほくと》市についても少し紹介しておく。

北杜市は平成の大合併で七町村が合併して生まれた市で、小淵沢《こぶちさわ》や清里《きよさと》など名の知れた場所を含み、八ヶ岳《やつがたけ》や甲斐駒ヶ岳《かいこまがたけ》などの山々に囲まれた風光明媚な土地である。周りを山に囲まれているために雪解け水も多く、ミネラルウォーターの生産量が日本一。また、日照時間が日本一でもあり、標高が高い寒冷地となっている。秋には田んぼのお米を天日で干す（稲架《はざ》かけ）ほのぼのとした光景が広がる。自分が住む北杜市明野《あけの》町はコンビニもスーパーも一軒もない。街灯も少ないため、夜は真っ暗。ただ、買い物はお隣の韮崎《にらさき》市まで車で一五分くらいで行けるために不便はない。

こんな山梨県北杜市だが、お隣の長野県の方が山梨よりも田舎暮らし希望者などに名が知れているためか、活用されていない土地や物件、田畑が驚くほど多い。東京から高速道路で約二時間で来れるアクセスの良さに加え、最近では注目度が凄い高まっているため、今後の活用は進んでいくだろう。

個人的にお勧めする理由

体験してしまうと、思わずライフスタイルを変えたくなる人が多いようで、実際に自分の活動を通してこれまで把握しているだけでも約七〇組が北杜市に移住している。ここではダイナミックな田舎暮らしをお勧めする理由をより詳しくお話させていただく。

景色

田舎暮らしに憧れる人の多くは田舎の自然景観に惹かれるのではないだろうか？　自分

も自然景観が素晴らしいことにかなり魅力を感じていて、川にホタルが乱舞しているのを見た時は本当に感動した。稲穂が一面風に揺れながら陽にあたって輝いている景色を見ると、思わず運転中に車を停めて見入ってしまう。

自分の住む山梨県北杜市は三〇〇〇メートル級の山々に囲まれ、それらのド迫力の景色に加え、春は桜、夏は緑、秋は紅葉、冬は雪景色と四季をバッチリ感じることができるのも気に入っている。ただし、田舎とはいえ場所によっては工場地帯など自然景観が優れているとは限らないので、その点は注意が必要だ。

鳥の声を聴きながらゆったりと山を眺める……こんな一時が心地よい。自分は花が好きなので活動フィールドに花を育てていて、これらの花が咲くのを見たり、その花の上で蝶々達が楽しそうに舞っているのを見るのも好きだ。

経済的自由を得やすい

田畑を借りて自分で米や野菜を育てたり、周りに生えている山菜やキノコ、柿、クルミなどを入手することで、お金をかけずに食料を得ることができる。たくさんある空き家を活用すれば、住む家も安く手に入れることができる。エネルギーとして薪などを使用すると、光熱費まで抑えることも可能になる。自ら暮らしを作り、その工程を楽しむライフスタイルを送っていると、暮らしの支出は自然と減ってくる。支出が減れば、お金を稼ぐことに気を取られ、時間を奪われることから開放され、自由を得やすい。

自分は『心の自由』が非常に大事だと思っており、実際にそれを伝える活動をしているが、それにはまず心の中にある程度のゆとりが必要である。

「あなたは給料がゼロ円だとしても、その仕事をしたいですか？」

そう聞くとほとんどの人はNOと答える。そしてその答えを聞いても、ほとんどの人はなんら不自然に感じないのではないだろうか？　自分はそこにもの凄いもったいなさを感じる。

仕事は人生の中で多くの時間を費やす活動だが、それがやりたくないものだなんて！

縄文時代は、仕事に費やす時間は凄く短かったと言われている。今の時代のように簡単に服も手に入らないし、工具、道具も自ら作らなくてはいけない。獲物をとっても運ぶ車もない。煮炊きをするにしても、火をおこすところからやらなくてはいけない。

やることは目白押しで凄く忙しくなりそうなものだが、土器に凝った装飾をするような心のゆとりを持っていた。人々が共同して働き、自然から得られる恩恵を皆で分かち合ったことで、そのゆとりを獲得していたのだと思う。

自然から得られる恩恵は、いまだに地方には残っている。縄文時代と比べて、それを活用するのに便利な道具なども手に入りやすい。心のゆとりを簡単に手に入れることができるということだ。技術も発達し便利になった今の世の中、その実は忙しくて自由な時間さえ取りにくいなんて聞いたら、縄文人はどれ

だけびっくりするだろうか？

周りを気にせず動きやすい

都会に比べると、自由に使える空間を広く確保しやすいので、周りを気にせずに動きやすい。都会から田舎暮らし体験に来る人達からよく聞くのが「都会だと音を立てないように気を使うので、子供を育てにくい。」ということ。隣の家が近いため、赤ん坊の鳴き声が聞こえてしまうのが理由のようだ。

これは田舎でもアパート暮らしであれば同じことになるが、昔ながらの畑付きの古民家だと隣の家との距離が確保できるケースが多く、そのような場合にはそれほど音に気をつける必要はない。

自分の場合、活用できる敷地が二ヘクタール以上あり、近くに民家もないため、人目を気にせずにリラックスしてハンモックに揺られたり、ウッドデッキでゆったりと山を眺めたりできて、そんな環境に自分は有難さを感じている。

（元）引きこもりやニートと呼ばれるような方もビヨンドに体験に訪れるが、彼らにとって農作業や動物の世話などは、普通の職場での仕事に比べてマイペースでやりやすいようで、田舎での農的暮らしを始めたいと言い出す人が多い。

道で急に立ち止まり、景色をうっとり眺めるなんてことも自然にできる。こんなのは自然にできないほうがおかしいとも思うが、都会の人通りの多い道路で急に立ち止まろうものなら、周囲に迷惑をかけてしまう。実際、子供を連れて東京に行った際、道端でちょっと立ち止まってネクタイを締めようと思ったことがあるのだが、自分が止まると子供も止まることになり、二人が止まると道の流れを阻害するため、なかなか立ち止まるタイミングを見つけることができなかった。これはよほど人通りが多い大都会だけの話かもしれないが、そういうところに住む人達は気を使うことが多くて大変だろうなと思った。

情報に振り回されにくい

田舎の場合、道を歩いていても広告など人為的な情報に触れることは少ない。もちろんインターネットやテレビなどを見れば情報に触れられるが、外で作業している分には触れ

にくい。情報は少ないよりも多いほうが良いのではと思うかもしれない。自らが望む情報であればそうだろうが、望みもしない情報が周りにあふれていると心は疲れがちだ。気づかぬうちに情報に引っ張られることは多く、不安の種も生まれやすい。その不安を晴らすために更に情報を求めるような悪循環も起きやすい。情報から少し離れる時間を持つのはかなりリラックス効果が高く、都会から田舎暮らし体験に来る参加者さん達には好評だ。

あと、情報とは少し違うかもしれないが音の影響力も大きい。都会から来た人がよく言うのが「静かですねぇ」ということ。街では工事の音や救急車の音などが響き渡ったりして気が散るらしい。自分の住むところは人口密度も小さいし救急車が近くを通ることもほとんどない。そういう静けさが得られやすいのは田舎の利点だと思う。

しかし、田舎だからといって静かだとは限らないということは付け加えておく。例えば近くの山でチェーンソーで木を切っていたり、刈払機で草刈りしていることもあるからだ。また、「静かねぇ」といっている時でも、音がまったくないという訳ではなく、鳥の鳴き声や虫の鳴き声などは聞こえたりしている。自然の営みによる音に関しては心地よさを感じるようだ。

価値観が変化しやすい

情報が周りにあふれている場合、価値観はその情報に影響される。自分を振り回すような情報が周りになくなると自然に価値観が変化し、より素直な自分でいられるようになる。

具体的な例を示そう。東京でのＯＬ生活に疲れて山梨に引っ越してきた若い女性の話である。彼女は東京で仕事をしていた時は、稼いでいたわりにお金は溜まらず、ストレスだけは溜まっていたという。「何に使っていたの？」と聞くと、生活費と毎週ある飲み会や個人的な買い物らしい。特にストレスがたまると買い物欲が強くなったそうだ。

「こんなに頑張ったのだから自分へのご褒美よ！」

こういう人は結構多いかもしれない。お金のために働く人が多いからだ。

その場合、仕事を頑張って得られる目的物はお金となるので、「仕事を頑張ったのだから、自分はこのお金を使う権利があるんだ！」と思いやすい。買い物で必要なものを得ることよりも、ストレスの発散口としてお金を使うことになりやすいのだ。結果、買って満足し、その後はタンスに入れたままほとんど使わなかったりする……。ライフスタイルを変えると、こんなことが起きなくなったりするのだ。

先ほどの女性の場合、田舎に引っ越して来たら浪費癖が治ったという。都会にいたときはハイヒールが欲しくなったそうだが、田舎で農的暮らしをするようになってからはハイヒールよりも長靴の方が実用的だという認識に変わったそうだ。車を買うにしても以前だったら可愛い外車に興味を持ったが、田舎で暮らし始めると、欲しい車は見た目よりも実用性重視となり、実際に購入した車は軽トラだった。

このような価値観の変化は周りからの影響が非常に大きい。周りにカッコいいハイヒールを履く女性が多く、それをもてはやす男性が多い環境では自分もハイヒールにあこがれるだろう。しかし、田舎で畑に女性がハイヒールを履いてきたとしたら……。もてはやされることは恐らくなく、「何でハイヒール?!」と、呆れられるだろう。そんな価値観の変化を受け、自然と彼女の出費は減ったらしい。

田舎で生活していると大根や白菜、サクランボなど、色々なものを頂くことが多い。自分達で食べきれない程の農作物を得た時には、周りの人達に配る人が多いのだが、これが良いサイクルを生み出す。もらった人は、次は自分も他の人達に配ってあげようという気持ちになるのだ。自分はそんな循環を心地よく感じている。競争ではなく共生的な価値観が生まれやすい環境だ。

そして何より周りを自然に囲まれているというのが非常に大きい。食べ物や資源が大地からもたらされるのだから。自分が何かしてあげないと相手も何もしてくれず、相手が何かしてくれないと自分もしてあげる気にならないような構図が起きやすい経済社会と違い、何も言わずに恵みを差し出してくれる『母なる大地』に包まれる安心感を感じるのだ。

自分の頭で考え、試す習慣がつきやすい

田舎では土地も広く、資材なども自然から入手しやすいので、いろいろとＤＩＹしたくなる人が多い。店でキットを買うのとは異なり、山や川で拾ってきたものを使って何かを作る場合には説明書がないため、自ら頭を使って考える必要が出てくる。個人的にはこのような経験は非常に重要だと思っている。

昨今は必要なものは何でも手に入れやすく、情報も得やすい便利な世の中だが、その反面自分達の頭で考える機会は著しく減っているように思える。自分は家庭教師や自然体験の講師をしているが、自分の頭で考えるのが習慣づいている人が非常に少なくなってきていると感じる。これは非常にもったいない。

便利になった世の中だからこそ、自らの頭で考え、試すような習慣を大切にしていきたい。

お金を稼ぐことよりも自由に生きることを選択すると、収入が減ることが多いのだが、これもまた実は素晴らしいことだったりする。お金があると何も考えずとも人に頼んで解決できてしまうが、お金がないとそうはいかない。自ら工夫して乗り切らなくてはいけないのだ。そう、いやでも自分の頭で考えて色々と試していかなくてはならなくなるのだ。これは有難いことだと思う。なぜなら、それにより問題解決力や生活力が向上するからだ。

広い土地が活用できる！

蜂が三〇〇匹飛んでいたとして、それが一輪の花に群がり、渋滞しているなんていうのは見たことがない。花は一輪だけでなく他にもたくさんあるのだから、空いている花を探しておのおの飛び回るだろう。それが普通だ。しかしながら、今の日本を見ると大都市への極度の集中は、さながら一輪の花に沢山の蜂が群がって奪い合っているようにも感じられる。

田舎に目を向ければ、実は沢山の花が咲いているのだ。都会だと庭付きのお家は贅沢だが、田舎だと裏に山や竹林があったり、田畑なんかも近くについているお家が多く、隣の家もちょっと離れていたりしてゆったりとした空間が楽しめる。

都会ではありえないような状況、そう、土地が余っているのだ！

自分が移住地を探すべくニュージーランドに滞在していた時、そこで知り合いになった人からこんな話を聞いた。

「俺ん家は敷地内に川が流れているぜ」

広さのスケールの違いにひどく驚いたものだが、気づくと今の自分の環境がそんな感じになっている。広い土地が活用できると自分好みの世界観を作りやすい。知り合いを百人招待することだってできる。土地さえあれば、それを活用して居場所も確保できるし、食べ物や資源も調達できるようになるのだ。

散歩しながら山菜や育てた野菜を収穫し、ついでにその辺に落ちている枯れ枝などを持ち帰れば、枝を燃料にかまどで火を焚いて採れた作物を調理して食べることもできる。都会から来るお客さんから流しソーメンをしたいという要望を頂いたことがあったが、それも隣の竹林から竹を採ってくれれば実現可能だ。

自分は花がいっぱい、景色も良く、人目に付かない静かな場所が好みだったが、田舎ではそのような場所を確保しやすい。また、自然育児の場として希望者に場所を提供したりもしている。

昨今は学校や公園での遊びが制限されていることが多く、もっと自由にノビノビと子供を遊ばせてあげたいと願う親が増えている。子供達も山林の急な斜面を走り回ったり木に登ったり、枝を拾ってチャンバラごっこをしたりしながら楽しそうに遊んでくれている。そんな感じでノビノビと子供達が集まれる機会を提供していたら、フリースクールに興味がある先生達も集まってきて、不定期でフリースクールを開催したりもしている。子供達の遊び場としてだけでなく、親同士の交流の場、そして先生達の経験の場にもなっており、このように広い土地を自分以外の人達にも活用してもらっている。

農的暮らし

最近は農業従事者の年齢が上がり離農する人が増え、使われない田畑が増えている。これらを活用しない手はないのだが、家庭菜園の人気はあれど、仕事としての農業はあまり人気がない。

お金を得るための手段として農作物を作るのは競争が激しくて大変だったりするが、仲間と分け合って食べたりする分には非常に楽しいものになるだろう。食べ物が確保できる安心感は非常に大きい。特に大きな災害を経験した人は自給自足率を上げることの強さや安心感が身にしみており、農的な暮らしを目指す人は多い。

また昨今では健康上の理由から農的な暮らしを目指す人々も増えてきている。アトピーなどに苦しみ、健康的な食生活を望んで自ら野菜を育てて食べる人が増えているようで、実際、自分の知人もアトピーが治ったと言っていた。

また農的暮らしをするのに今は絶好のタイミングだと思っている。数十年前までは田畑は非常に価値があり、自分の領地を広げるために境界線に置いてある石をばれないようにずらしたりしていたほど。それが今では草刈管理をしなくてはいけないただの面倒な土地とみなされる場合も多いのだ。多くの人々が田畑を耕すことよりも街に働きに出ることを選択した結果だ。田舎で農業をやるよりも会社で働いたほうが生活は豊かになると考えたのだろう。しかしあまりに多くの人がそれを実行したため、街に人が集まりすぎた。街では物価が上昇し、人口密度が高まって、住み心地が良くないと感じる人が増えてきている。

今、田舎にたくさんの田畑が使われずに放置されているがこれは本当にラッキーなことだと思う。価値を知る人々からすると奪い合いたくなるほどのものが、非常に借りやすく

なっているのだ。特に田んぼは凄い！耕作しにくい斜面を平たく均し、それが崩れないように石垣でちゃんと組んである。しかもそこに水を張るための用水路まで作ってある。これを自分でやろうとしたらもの凄い労力がかかるだろう。そんなに苦労して作られた田畑が気軽に借りれるなんて、非常に有難いことだと個人的には思う。そして昔と違って競争が緩いためにまとまった大きさの田畑を借りやすくなっているが、これがまた有難い。

自分は自然農や自然農法と呼ばれる方法（肥料や農薬などを使わない）で野菜を育てているが、野菜を育てた経験もなかった自分にとって、この方法でちゃんと育てるのは難しく、種をまいても上手く育たないことが多々あった。しかしながら広い土地が確保できたことで沢山実験することができ、成功例も引き出すことができた。土地が広い場合には一〇〇分の一でも育ってくれれば、それだけで自分が食べる分を確保するくらいは簡単にできたりするのだ。

また自然農法は一般の慣行農法に比べて草刈りをあまりしないのだが、これは周囲の人から嫌がられることも多く、都会の市民農園など狭い空間では行うことが難しいようだ。一方、周囲との距離が保ちやすい田舎では比較的行いやすかったりもする。

そして更に凄いのは……、実際に移住してみてわかったのだが、栽培しなくても周りには収穫できるものが勝手に生えていたりする。山菜、タケノコ、梅、桑の実、栗、クルミ、柿、イチジクなどなど……

また自分で栽培したものも上手く軌道に乗ると、翌年も勝手にまた生えてきてくれたりする。更に有難いことに、田舎の場合、周りにも農的な暮らしをする人が多いため、おすそ分けを頂くことも多く、お互いに融通しあえたりもする。

食料を身の回りで手に入れることができるようになると災害にも強い。実際に自分の住む山梨県北杜市は二〇一四年に被災地認定されるほどの大雪に見舞われ、交通網がマヒしたためにスーパー等の食品が一週間ほどすっからかんになってしまっていたのだが、周りには農家が多く、食糧難を回避しやすかったのだ。北杜市のある地域に自衛隊が救助に入ったのだが、そこにいたおばさんはこう答えたようだ。

「雪は暖かくなれば溶けるのだから、それまで待てばいい。」

昔はスーパーなどなく、それぞれの家庭がストックしていた野菜や米などを食べて過ごすのが当たり前だった。その習慣がまだ残っている集落の人にとっては、スーパーまで行くことができない状況もそれほど大きなことではなかったのだ。

また物価の上昇にも強い。実際に自分で手作業で米などを作っていると、これをスーパーで売られているような値段で販売しようとは思えなくなる。時給換算するともの凄く低くなってしまい、割に合わないのだ。同じ時間をコンビニ等で働いたとしたら、もっと大量の米を買うことができるだろう。今は物価が安定していて誰もがこう考えると思うのだが、物価が上昇したとなると話は変わってくる。

コロナウイルスの流行によりマスクが品薄になった際、マスクの値が跳ね上がった。当たり前のように手に入るときはもの凄く安いものでも、供給が滞ったときには値段が跳ね上がる。マスクでさえあれだけ値が上がったのだから、食料難になったら食料の値段はかなり上がるだろう。

こんな時、自分で作れるようになっていると安心ではないだろうか？　安かったら買っても良いし、高かったら自分で育てて売ってもいい。そんな選択の自由を得ることができるのだ。

あと、これは体験してみないとなかなか実感できないと思うが、実際に自分が汗水たらして栽培した作物を収穫して食べる時の幸せ感、達成感は非常に大きい。自然塾のスタッフは自分で育てたお米を初めて食べた時に涙を流していた。

お米を食べるためには多くのステップが有る。種籾を浸水し、それを田んぼに植えて苗を作る。ここで上手く行かないこともあったりする。実際に鳥に食べられて全滅したことも有る。苗作りをしている間に田んぼの草を取り、水を引き入れる準備をするが、これも手作業だと結構手間がかかる。無事に苗ができたらそれを田んぼに手植え。植えたら終いではなく、その後は定期的に水の管理をしたり、草刈りをする必要があり、真夏の作業としては結構辛いものだったりする。

ようやっと育ってきたと思ったら鹿や猪にやられて全滅したりすることも有る。なんとか動物にも食べられずに残ったらそれを刈り取り、天日干し。乾かしたあとに脱穀、風選別、精米することでやっと食卓に上がる。三月から準備して、食べられるのは十月。

結構な時間がかかり、労力もかかる。お金に換算してしまうと、

「アホらしくて買ったほうが良いわ！」

と思ってしまいそうだが、実際に食べられた時の充実感はひとしお！

自分はこのような充実感を味わうのが心地良いため、あえて機械化はせずに自分達の手でできるだけ作業するようにしている。杵と臼で餅つきをして、その場で食べるときも幸せだ。

あと個人的に農的暮らしで気に入っているのは、採れる作物がおいしいこと。通常は捨てられる大根の葉っぱでさえも美味しい。あまりの美味しさに試食用のおひたしを持参してマルシェで販売したことがあるが、その時にも面白いことが起こった。買い物に来たお客さんの連れのお子さんが、試食の葉っぱに手を伸ばした。それを見たお母さんは、すぐに息子を制しようとした。

「あなた野菜全然食べないじゃない。食べたってすぐに出しちゃうでしょ！」

しかし子供はそうならなかった。大根の葉っぱを食べた子供は次に、もう一つの試食として用意しておいたカブの葉っぱに手を出したのだ。そして更にもう一度大根の葉っぱを食べ、ついにはその葉っぱを入れていたタッパーを胸の前に抱えて食べ続けたのだ。

これにはお母さんもビックリ！

実は自分の子供ももともと野菜が好きではなかったのだが、自分で作った野菜は喜んで食べてくれたのが印象的だった。

また、野菜を炒めてもクタッとならず、シャキシャキだったのも驚きだった。

ところで獣害という言葉を聞いたことはあるだろうか？里山が過疎化したことにより獣が山から里に下りてきて農作物を荒らすのである。これが元で田畑の耕作を諦める人も多く、田畑に人が少なくなると、更に獣が下りてくるという悪循環が起こっているのだ。

この被害がバカにならず全国的に問題になっているのだが、実はこれも見方を変えると結構有難いことだったりする。獣達を貴重なたんぱく源・食料として捉えると、なんと獣舎もいらず餌やりさえも不要で、食べ物が向こうからやってくることになるのだ。

これは人の適性によるところが大きいが、農的暮らしに狩猟を絡めることができれば、

非常に豊かな食生活を得ることができるだろう。鶏やヤギなどを飼えば、卵や乳も得ることもできる。

また、自分で食料を育てたり採ったりすることで、その恵みの有難さを感じるだけでなく、もう一つ個人的に良いと感じる点がある。普段何気なく直売所や街のスーパーなどで非常に簡単に食料が得られることが、実は非常に有難いことだと気づけるのだ。

竹でひごを作り、ザルを作ろうとすると非常に時間や労力がかかるが、一〇〇円ショップなどに行くと数百円で売っていたりする。もちろん、手作りの渋さや味は格別だが、少しお金を払うだけで簡単に手に入れられるということがなんて贅沢なんだろうとしみじみと感じることができるようになるのだ。

そういう点でも、自分で自給自足をするまでは行かなくても、体験的に自分達で食べ物を得たり色々と作ってみたりしておくことは非常に有意義だと思う。

コラム③　人参王国　～目先よりも最終的な幸せを～

自分は目の前の利益よりも最終的な幸せにいつもフォーカスしている。畑作業においてもそれは同じで、種を蒔いて収穫して食べることよりも、最終的に豊かで気持ちが良い場所を作りたいという思いで動く。

移住して畑を始めた一年目、人参の種を蒔いた。芽が出て育ってくればいいし、出なかったとしたらそれでも良し。出るか出ないかは人参に決めてもらおう。

普通の農法では一〇〇〇本は芽が出るくらい蒔いたが、水遣りも肥料やりもせずに自然に任せたところ、最終的にうまく育ったのはたったの一本。こんな時、あなたはどう思うだろうか？　自分は「やった～！　上手くいったぞ。」だった。

水や肥料をやったり、周りの草をまめに刈ったりと、手を貸してあげればもっと沢山収穫はできただろうが、自分はそんなところを目指していたのではない。

自分が目指したのは、自然に豊かな恵みがもたらされる場所。そのためにはその

土地に適合し、他の手助け無しに生きていける強い作物が必要なのだ。自分はその候補として選抜された人参一本を手に入れることができたので嬉しかったのだ。

そしてその人参から採れた種をその場で周りにばらまいたところ、その後、その場所は人参がジャングルのように沢山育ち、その後は自分で種をこぼしながら勝手に生育してくれるようになったのだ。

このような長期的視点（最終目標にフォーカスすること）は自分にとって何をするにも本当に良い効果を生んでいる。目の前のことにイライラしたりすることもなくなるので読者の皆様にもオススメする。

空き家活用

農的な暮らしをしたいと望んでも、それを可能にする生活拠点が見つからなければ始まらない。しかしこれまたラッキーなことに、今は家さえも余っている。日本は人口が減少中のため、これからますます空き家は増えていくだろう。

家というのは使わずに放置していると痛みが進み、ひどくなると屋根が落ちたりする。築一〇〇年を越えるような立派な古民家が誰にも使われずに放置されていたりするが、これは非常にもったいないと思う。

以前、本で読んだのだが、昔は家を建てるのに三代に渡って完成させたりもしたそうだ。おじいさんの代で建て始め、孫の代でようやく完成させるというような形だ。

一般に家というのは一生で一番高い買い物ではないだろうか？　これを手に入れるために三〇年ローンを組み、そのために会社を辞められず、嫌でも働き続けなければならなくなったりしている。

そんな人生を左右するほど大きな影響を持つ『家』がなんと余っているのだ！

そして工夫次第ではお金もほとんどかからずに空き家を活用できたりする。更に昔ながらのお家は自分からすると素晴らしいメリットが多い。もともと自然に則して住みやすい場所に家は建てられ、田畑の近くに位置することが多いのだが、これは農的な暮らしをする人にとっては非常に便利なのだ。また蔵や物置が併設されていることも多く、これらも非常に便利である。

自分で改修できると強い！

さて素晴らしい資源である空き家だが、活用する際には多少のハードルが存在する。このハードルを超えることができる人はまだまだ少数のため、活用されずに放置される空き家が多いのだ。

どのようなハードルかと言うと、まず第一に空き家情報を得ることができるか、第二にそれを借りることができるか、第三にそれを実際に住める状態に持っていけるかだ。

最初の二つのハードルについては、移住希望者へのアドバイスの章で後述するのでそちらを参考にしてもらい、ここでは三つ目のハードルについて述べる。

田舎で余っている空き家はそのままでは住むのが難しいことが多い。不動産屋で紹介している物件には改修が不要なものも多いが、人づてに得られる情報を辿って見つける物件は、ほぼ何らかの改修が必須。そんな時、自分で改修できるスキルがあると非常に役に立つ。

安い物件だとしても、それを業者に改修依頼すると結構高くついたりする。自分で改修できれば大幅なコストカットができ、住みながらの改修も可能になるため、改修中に他の家を借りる必要がなくなる。更に自分好みに改修できるという自由度も得られて、良いことずくめだ。

そうは言っても「改修なんてやったことないし、自分にできるわけない……」と思われるかもしれない。確かに改修は簡単ではない。実際、チャレンジしたものの途中で諦めたという話はよく聞く。しかし今の時代は恵まれていて、インターネット動画などを参考に、結構気楽にチャレンジできるし、工具なども発達しており、それほど技術がなくても作業を進めることができる。

改修前

改修後

改修前

改修後

古民家は隙間が多くて冬は寒いとよく言われるが、そのような場合も隙間を埋めたり、断熱材を施工したりすることで暖かくすることができる。

改修スキルは実際に自分でやってみないと身につけることはできないので、自分が住むのでなくても改修させてもらえる物件があれば積極的に練習することをオススメする。自分の運営するＮＰＯ法人みんなの街でも受け入れているが、改修作業のボランティアなども非常に良い経験となる。

自分の場合は、借りた家を改修する前に小屋を建てた経験があり、これが非常に助けとなった。借家の場合、自分で床を壊したとしたら返す時には修繕しておく必要があるが、経験したことがないとその自信を持つのが難しいだろう。自分の場合はイチから床を作った経験があったため、上手く直せなかったとしても、自分でまたイチから作り直せるという自信があったため、気軽に床を剥がすことができたのだ。

実際の改修作業としてよくあるのが床の修繕。畳が凹んでいたり、並行ではなく傾いていたり、穴があいていたりするケースは多い。大引きはまだ使えてその上の根太からの修繕になることが多い。壁も汚かったりするのでクロスを張り替えたり漆喰を塗り直したりする必要が出てくるだろう。

あと、割と雨漏りしているケースもあり、その場合は屋根の修繕も必要となる。ただ雨漏りがひどい場合は柱や土台などの構造部が傷んでいる可能性もあり、慣れていない場合は手を出さないほうが無難だろう。

柱がちょっと傾いているなんてのもかなり多いが、これは完璧に直そうとすると非常に手間とコストがかかるので、建具との隙間を埋めたりしながら何とかいなしていく人が多い。自分が改修したうちの一軒では、床下を見ると柱が随分下に沈んでいた。そしてそれが原因で床や梁が傾いていた。それを直すために車のジャッキを二つ用いて柱を持ち上げようと試みたが、さすがに重過ぎて持ち上がらなかった。というかジャッキが壊れた。

そこでその辺にある木で楔《くさび》をいくつか作り、その辺にある木をコヅチとして、その楔を足固め（柱に貫通している横木）の下に打ち込んでいったところ、柱を上げることができて嬉しかった思い出がある。工業品のジャッキよりもレトロな技の方がずっと効果的だったのは印象的だった。

自分で改修できるようになると、廃材などの貰い物を有効に活用可能となり、それもまた素晴らしいメリットとなる。建具などは新品で買うとかなり高い（襖一枚一・五万〜五万円）が割ともらえたりはするので、それを活用しない手はない。貰ったものが自分の物件にサイズピッタリということはなかなかないのだが、自分でサイズ調整をすることができれば問題なく使用できるようになる。

田舎の古民家には蔵や物置が併設していることが多いため、廃材などをそこにストックして置けるのも非常に便利。そして余裕が出てくれば、ただ修復するだけでなく自分好みに家を変えていくこともできるようになる。

自分の場合は、床が作れるようになったら次に囲炉裏も自作して設置してみた。その囲炉裏は蓋をすれば元のフローリングに戻るような構造になっている。市販されている囲炉裏も見てみたが、蓋を載せることはできても、自分が作ったようにフローリング面と一体にできる構造のものは見つからなかった。このように、自分好みのものがなかった場合に自分で作れるメリットは大きい。同じように夏はフローリング、冬は掘りごたつになれる構造のものも作った。部屋を耐火性に改造して屋根に穴を開けて薪ストーブを設置したりもした。

改修以外に必要な作業

実際に物件を活用するには改修以外にも必要なことがある。それは片付け。空き家にしようと思って空き家になったわけではなく、住む人が急にいなくなったために空き家になったケースが多いため、片付けがされていないのが普通。長い間管理されずに空き家になっている場合などは、その片付け及び掃除は結構な労力がかかるものとなる。大量の家具や寝具、洋服などの家財が残っているのはもちろん、それ以外にもネズミの死骸やコウモリの糞、蜘蛛の巣などがお待ちかねだったりする。

蔵がある場合にはもっと大量の物が放置されていることが多く、この片づけは結構労力がかかるが、足踏み脱穀機や唐箕、杵やウス、農機具など必要とする人にとっては有用なものが置いてあったりもするので、片付いていない状態で放置してくれたことがむしろ有難い場合もある。

また、庭や畑がついている場合、そこに色々なものが放置されていたり、埋められていることも多い。自分のところでも農業用マルチ、畳、タイヤ、車の部品、鉄パイプなどなどさまざまなものが出てきた。掘り出すだけでも手間だが、廃棄するのも手間やコストがかかる。ただ、鉄くずは業者に連絡すると引き取りに来てくれるどころかお金になる。

家に駐車場がない場合も割とあり、必要な場合はそれを作ったり、家に続く道が狭くて使いづらい場合にはそこを拡張したりもする。そういう作業をこつこつと進めてようやく空き家は活用できるようになるのだ。

コラム④ 技術や知識はオマケ ～心が大事～

田舎暮らしをするにあたって不動産情報をどのように得るかとか、改修スキルの有無とか、作物栽培技術を持っているかなどを過度に気にする必要はない。こういう表面的なところを心配する人が凄く多いが、これらははっきり言ってオマケ程度のものだと自分は思う。

これは田舎暮らしに限らずどのような分野にも当てはまると思うが、技術よりも心の姿勢のほうがずっと大事である。心の姿勢がしっかりしていると、周りの人とうまくやっていけるし、応援してもらえるようになる。逆に心の姿勢が悪いと、技術はあってもチャンスさえもらえなくなったりする。周りに不満を抱かず責任は自分で持ち、自分のことだけでなく他人のことも大事にするような姿勢を常に保つことができれば、技術や知識は不十分でもなんとかなることが多い。技術や知識のない赤ちゃんだって生きていけるのだ。彼らの無邪気な笑顔を見たら、誰でも手を貸したくなるのだから。

この姿勢も無理に作ろうとしているうちはそれはただの技術。ポーズではなく、心から相手のことを思えるようになって初めて心の姿勢は完成するのだ。

活用例

参考までに自分が活用した事例を紹介する。

自分は北杜市に引っ越してからこれまでに一〇軒ものお家を活用させてもらっている。それらは移住希望の人の住居として紹介したり、自分の自然体験施設に来る人々を受け入れる研修棟、シェアハウス、田舎暮らし希望者用のお試し滞在施設、そして自然体験施設の本拠地などに活用している（詳しくは【第二章 自分の活動】を参照）。

これらの拠点があるお陰で、たくさんの人に自然体験や田舎暮らし体験を提供することができ、これまでに数千人の人々にご利用いただいている。誰も使わないままでは朽ちていく空き家に手を加えることで、こんなに多くの人達に活用してもらえるようになる。そして地域活性にもつながる。ぜひ、多くの人に活用を勧めたい。

DIY、セルフビルド

前の章でも述べたが、住む場所を自分で安く建てることができれば、生活が安定する。また、自分で建てるのであれば、一般の住宅とはまるで違う趣のものを建てることもできる。

アメリカの西部開拓時代は、木を切り倒してから家を組むまで、ほとんど斧一本でやれていたと本で読んだことがある。だとすると、田舎には使われていない山林がたくさんあるのだから、気合さえあれば、斧一本で家を建てることができるということになる。実際にそれを真似るのは簡単ではないかもしれないが、ある程度の工具をそろえれば、セルフビルド（自ら家を建てる）はそれほど無理のない選択である。特に家は小さくても良いという人には凄くオススメ。隙間が無く、断熱性能の良いものを作りやすいので、温かい環境を作る点で言えば、古民家を改修するよりも楽だ。

逆に二階建てや大きい家をお望みだとするとセルフビルドのハードルは高くなるので、相当気合が入っている方限定だろう。自分の周りで一般的な大きさの建物をセルフビルドしている人達は完成までに五~七年位はかかっている。平日は仕事をしつつ、土日祝日のみの作業の人もいれば、仕事には行かずに平日も建築に専念した人もいるので、作業時間には差があるだろうが、皆多くの時間を費やしている。

それだけの時間があれば働きに出ていれば結構なお金になっただろうし、そのお金で家を大工さんに建ててもらった方が楽ということもありえる。それほどの苦労をしてまでセルフビルドを続ける人達は、大抵お金よりも自由であることを重んじている。

「お金のためにやりたくもない仕事をするくらいだったら、ちょっとぐらい大変でも自分で家を建てたい。」

という感じだ。

ただ、よく聞くのは「大変なのはちょっとどころではなかった」と言うことと、「それでも自分で建てる選択をとったことには不満はなく、いい思い出だ」ということ。なんとも清々しい言葉だ。

皆、最初は素人なので上手く行かずに手こずるのだが、一度経験を積むと、次からは楽になるはず。だから二棟目を建てるのであれば次は楽なんじゃないかと尋ねると「もう次は建てたくないね」と答える人がほとんど。このことからも、結構な苦労をされていたことが伺える。

自分はこれまでに小屋やツリーハウスなどを五棟建てているが、建てている途中で「?・?・」となることは多く、失敗もしばしば。その経験から言わせてもらうと、もし大きな家を建てるにしても、まずは小屋のような小さなものから建てて練習することをオススメする。これは多くのセルフビルダーが口を揃えて言うことだ。

自分は大工さんと共に2×4工法で小屋を建てたあと、身近に木や土、草などの素材があったためにそれらを使って建物を建てたくなった。通常売っているような建物ではなく、絵本の中に出てきそうなファンタジックな建物を建てたくなったのだ。

自分の中ではただ好きだからやるという完全な趣味だが、身近な自然素材で建物が建てられるということを示せば、多くの人々に勇気を与えると思ったのも大きい。材料が自然から得られるのであれば、大幅なコストカットが可能になるし、循環的な暮らしをしたいという人には希望を与え、自分と同じ様に絵本の世界の建物を建てたいと思う人々にも刺激になると思ったのだ。

ただ自然素材を使う場合は、市販の角材などに比べて非常に労力がかかり、制作工程もかなり複雑になる。その覚悟は必要だが、でき上がった時の達成感は大きいものとなる。建物だけでなく、建具やその他いろいろなものをＤＩＹするのもオススメ。自分としては曲線をあしらった渋いテイストが好きなので、その辺にある自然素材などで自分で作ることが多い。廃材などを活用するのも有効。

参考までに、自分がこれまで建てた建物やＤＩＹしたものをいくつか紹介する。

cordwood house

松枯れという言葉を聞いたことがあるだろうか？　文字通り松の木が枯れる現象で、北海道を除く日本全国で問題となっている。自分の活動拠点であるビヨンド自然塾の付近にも松林は多く、その倒木が沢山出現し、道や山を塞いだりして問題となっていた。これらの材は虫食いがひどく、状態が悪いために柱などの構造材として使うことはできず、また、片付けるのにも多大な労力がかかる。そんな厄介者扱いされる倒木さえも資源として活用して見せれば、良いモデルケースになると思い、それを用いて家を建てることにした。

cordwood house という日本ではほとんど馴染みがないお家で、玉切した丸太やそれを割ったものを土とともに薪棚のように積んで壁を作る方法だ。見た目もファンタジックで、森との親和性も高い。また、自分は夏涼しく冬暖かい半地下の建物を建てたいと思っていたので、この cordwood house は半地下構造となっている。

この家を建てるときも、ワークショップ形式で希望者を募って一緒に作業した。このファンタジックな家づくりに興味を持つ人は多く、希望者が殺到したため、人数を絞り込

むために応募の動機や意気込みを書いて提出してもらった。自然資源を活用することで、やる気さえあればお金をかけずに家を建てることができることを知ってもらうため、重機なども使わずに作業を行った。

スコップやツルハシで土を八〇センチ掘り下げて半地下部分を作り、柱や桁などの構造材は横の森から斧で切り出し、皮を剥いて使用した。六メートル程の丸太は人力で持ち上げることができなかったため、クレーンを自作して持ち上げた。倒木はチェーンソーで玉切りし、土と草を混ぜたものと共に積み上げて壁にした。土壁は乾くとひび割れを起こすため、その後にまた隙間部分を埋めたり、漆喰を塗ったりと非常に作業量は多く、完成ま

では多くの日数を要したが非常にやりがいがある活動だった。

また、この建物の中にはちょっと珍しい暖房器具が設置されている。ロケットマスヒーターベンチ（rocket mass heater bench）と呼ばれるもので、薪ストーブの煙突部分がベンチの中を貫通しており、その熱によりベンチが暖かくなるという韓国のオンドルにちょっと似たタイプの暖房器具である。

これもまた貰い物のドラム缶とその辺の土などを活用して自作した。燃料となる薪は家の周りにふんだんにあるため、それらを燃やすことで冬の暖が取れる。外部気温がマイナス九度を下回っていた際に、室内はなんと二三度まで上昇した。寒い冬の日にそこで火を焚いて温まりながらココアを飲むことができたとき、本当に幸せだった。

建築当初から思い描いていたシーンだが、実際にそれが達成されたのはなんと二年半も経った後だったので感慨深いものがあったのだ。身近にあるもので建物が建ち、更に暖も取れる、心地よい安心感だ。

その後、cordwood 工法でもう一軒の建物を建てた。この工法は労力と時間をかなり要するため、二棟目は小規模とし、トイレとして活用している。こちらの建物は円筒形で、cordwood ならではの雰囲気を出している。

小人の家

ビヨンド自然塾の活動フィールドには山林以外に竹林もあるため、その竹を活用して家を建ててみた。『小人の家』と呼んでいるその家は、絵本の中の小人が自分達で建てたお家をイメージしている。

自分が小人だったら「横が竹林だからその竹を使うだろうな」とか、「平衡器なんか使わずに大体で作るよな」というように五感を駆使して建てている。そして形は曲線的に。可愛らしいし、雰囲気も出る。

ある人から大量の木材を頂いたため、それも活用させてもらった。ただ、その木材は角材だったため、わざわざナタではつって曲線

に加工してから利用した。

こちらの小屋の壁もcordwoodの小屋と同じように土壁ではあるが、こちらの壁は従来の日本の土壁の様に竹小舞（竹を縦横に格子状に組んだもの）を下地にして土を塗っているためにそれほどの厚みはなく、手間は少なくなっている。

竹はしなりがあるため、家の曲線形状に良い感じに添わせることができ、非常に便利である。一般住宅で使われている合板や石膏ボードではそうは行かない。屋根は竹でレシプロカル構造という工法で作っている。この工法は竹同士がお互いに支え合う様に設置して作られている。屋根の上には土を乗せ、草を生やしており、それがまた良い雰囲気を醸し出して気に入っている。

ちょっと「絵本の世界みたいな小屋建てたいな」と思ったら、気軽に建てられるなんていうのは、かなり贅沢な気がするが、それも業者に頼まずに自分達で建てることができるのと、素材が自然界から供給されるという二点があってこそ。この家の扉は凝っており、パッチワーク状に竹を張り、ステンドグラスも埋め込まれている。ステンドグラスを埋め込むアイディアはスタッフの萌ちゃんによるものだ。

ツリーハウス

敷地内に大きな木も生えていたので、ツリーハウスも建ててみた。最初の一棟は講師を招き、ワークショップ形式で参加者と共に建てた。自分は参加者（主に子供達）の対応をしたり、作業用の工具や材料を準備したりしていてあまり作業に参加できなかったが、横で見ていたので制作工程は学べた。

その後、自分なりにツリーハウスの色々な例や作り方などを動画配信（YouTube）などを見て参考にし、二棟目の建築に着手。自分が作りたいと思う形に作ってみた。

自然育児などで親子が遊びに来る場所だっ

たため、子供達を遊ばせている間にお母さん方が蚊などに悩まされずに子供達を見守れるような家を目指して。

そんな感じでツリーハウスを作っていたら長野県にツリーハウス作りの講師の依頼が舞い込み、ツリーハウスの作り方を教えに行ったりもした。自分が教えてもらい、次は自分が教えてあげる。素晴らしい循環ではないだろうか？

竹タワー

竹で三階建てのタワーを作った。

竹林が鬱蒼として光が入らなくなり、枯れたり倒れたりしていた。竹は毎年生えてくるので、定期的に切ってやらないとすぐこうなるのだ。

ただ整備のために間伐するというのでは面白くないし、モチベーションが上がらない。せっかくバンバン竹を切るのであれば、それを活用して面白いものを作ろうと思ったのだ。雰囲気の良い竹林の中で昼寝をしたり、お茶を飲めたりする場になればいいなと思って。

竹タワーの建設もワークショップ形式にして参加者を募った。一番多かったのは千葉県からの参加者さんで、千葉県では荒れた竹林が非常に多

く、その問題解決のヒントが得られればというのが参加の理由だった。

タワーの一番上の部分は十メートル以上の高さがあり、そこを縛ったりするのは高所恐怖症の人には難しかったりするが、何とか建てることができた。

タイルベンチ

スペインにあるグエル公園というのをご存じだろうか？　有名なガウディ建築の一つで、非常に素晴らしい公園である。そこに曲線のタイル張りのベンチがあるのだが、それが可愛いらしいのでぜひ作りたくなった。

作る場所はcordwood houseの横にして、ファンタジーな空間づくりを目指した。材料は木や草、土や石で、横に建ててあるcordwood houseとほとんど同じ。周りにある自然素材を活用することで、こんなベンチも作れる。土で作る場合にはもちろん雨に弱くなるが、タイルを張ることにより、その問題はクリアできる。可愛さのみならず利便性も得ることができるのだ。

ただ、寒冷地の厳しさを軽く見ていた。雨にしっとり濡れた後、とても寒い日に凍結してひびが割れ、壊れてしまった……。いい勉強になった。

筏《いかだ》

これまで紹介したものと毛色が違うが、大自然を満喫する感じが伝わるかなと思い、ここで紹介する。それは竹で組んだ筏。大学生や社会人と共に竹を切り、それを組んで筏を作成した。そして川に持ち運び、それに乗って川下りをした。

川の流れの力は強いので、組み方が弱いと途中で筏がバラけたりする。そうならないように結ぶ人も真剣になる。自分達で組んだ筏で川を下るのは本当に楽しかった。

コラム⑤　竹の利用

現代は放棄された竹林が問題視されているが、昔は資産と考えられ、空いている場所があったらわざわざ植えたりしたそうだ。自分の活動拠点にも竹林があるが、非常に有効に活用させてもらっている。

自分は居住地を決めるポイントとして寒暖差が大きく湿気の少ない標高が高い場所を狙っていた。そして実際に自分が活動している場所の標高は六五〇メートルなのだが、これより高いと竹林が見られなくなってくる。標高だけ考えたらもっと高いところを拠点にしていたかもしれないが、今考えると竹林がある標高に抑えられていたのはラッキーだった。

竹が有用なのはこんな特徴を持つからだ。

・バンバン切ってもすぐに再生する
・縦にきれいに割りやすい

しなるので曲線も作りやすい
・中空なので軽く、長い材でも気軽に運搬できる
・熱加工をすればいろいろな形に変形も可能

実際に自分が活用している例を上げる。
野菜の支柱、柵の支柱、作物の場所を示すラベル、家の土壁の下地（竹小舞）、竹細工（箸、コップ、ザル）、イベントの看板、ハンモックスタンド、小屋の屋根などなど。

本当に有用なので、田舎暮らしをするのであればぜひ活用してみてほしい。

循環的な暮らし　パーマカルチャー

最近は地球にやさしい循環的な暮らしを望む人が増えてきている。大量消費の世界はいつまでも続かないと感じる人が増えているからだろう。SDGs（持続可能な社会を実現するための世界全体の目標）だとかパーマカルチャー（パーマネント〈永続性〉、農業〈アグリカルチャー〉、文化〈カルチャー〉を組み合わせた造語で、人と自然が共存する社会を作るためのデザイン手法）だとかサステイナブルな暮らし方などさまざまなキーワードが飛び交っている。それらを学ぶためのワークショップや本なども沢山出ているが、それらの内容は実は昔は当たり前に知られ、実践されているものだった。

昔と言っても何百年も前ではなく、今生きているおじいさん、おばあさんが生まれた頃にもそのような暮らしは存在した。田畑を耕し、薪を拾い、自然の素材を活用して身の回りのものをそろえる。

外国からの新しい知識の様に思われがちなパーマカルチャーも、元々は日本の江戸時代の暮らしをモデルにしていたりする。そう、日本も元々は当たり前に循環的な暮らしをしていたのだ。循環的な暮らしは、教科書や動画で習うよりも実際に自分でやってみるのが一番学びが深くなるだろう。農作業を例にとると、自ら栽培し、苦労すると農家さんの気持ちがわかるようになる。

「農薬を使うなんて体に悪いでしょ。なんでそんなの使うのよ?!」

「化学肥料なんて循環的じゃないじゃない！」

都会で暮らし、一消費者として暮らしていた時はそのように感じていた人も、実際に自分が生産者に回ってみると感じ方が変わってくる。

「うわ、肥料入れないとこれしか取れないのか？」

「ちょっと虫食っただけで買い取り値段がそんなに下がるの？」

「草取りってこんなに大変だったのか……。農薬使うのもわかるわ。」

理想とは異なる現実に直面しつつも、努力や工夫で少しずつ理想に近づく、その工程が人生を充実させてくれると思う。そんな循環的な暮らしを目指し、実践を重ねると自然の豊かさ、素晴らしさに気付くことがある。

例えば糞尿の有難さ。自分は畑の横にトイレを作った。そのトイレは水洗ではなく地面に糞尿を落とし、自然分解させる仕組み。ある日、畑を歩いていると、明らかな差に気付いた。トイレの周りだけ草丈が高いのだ。三倍くらい高い。

また、他の場所でも同じように明らかに草が育っている区画があった。しかも四角くきれいな形に。これを見てすぐ気づいた。この場所は依然、鳥小屋を設置していた場所だ。

昔の人はこういう光景を見て、糞尿が肥料として有用なことに気付いたのだと思う。汚いものとして嫌われがちだが、その有用性に気付いた昔の日本人は、それを価値あるものとして扱っていた。

現代社会では、糞尿を遠い処理場までわざわざ運んで処理するという非常に手間がかかることをしている。そして面白いことに、肥料は遠い外国から船でわざわざ運んでいたりするのだ。

自分達の糞尿を昔のように活用できれば、これらの手間は軽減されると思うが、田畑や土地がある田舎以外では難しいかもしれない。

他にも、田舎で自然と共に暮らしていると、色々と気づくことがある。

わざわざ「循環的な暮らしをしなくちゃ！」などと考えなくても、そこら中に倒木が転がっていたらそれを薪に使いたくなるし、タケノコなどがバンバン出てきたら、それらを食べたくなる。食べきれずに傷ませそうになると塩漬けや乾燥、冷凍など加工して保存できるようにしたくなる。あるものは活用できるし、自然から得られたものは土に還るので、ごみにもならない。江戸時代の家などは、壊せばすべて土に還っていく……

そう、知らないうちに循環的な暮らしになっていくのだ。

また、自然は人間がコントロールしようとしなくても、循環的なサイクルを保っている。頑張って育てようとした苗よりも、自然にこぼれた種で生えた作物の方が丈夫に育つ

ことはよくある。

頼まなくても陽は登り、雨が降る。
気づくと大地から作物が育ち、恵みをもたらす。
それを食べて出した糞尿がまた大地に栄養を与える……

本当にうまくできているものだ。

また循環的な暮らしで、もう一つ個人的に気に入っている点がある。それは作業が季節ごとに変わるため、飽きずに続けやすいということ。この点でもオススメである。

自分の活動（NPO法人みんなの街、ビヨンド自然塾）

ここで著者である自分が山梨でやっている活動を少し紹介させていただく。
活動団体としては以下の二つを運営している。

・特定非営利活動法人みんなの街：移住支援や地域活性化
【HP】https://mina-machi.org/
・ビヨンド自然塾：自然体験、自分探し
【HP】https://beyond-farm.com/

お試し移住（NPO法人みんなの街モデル）

本書の中でも何度も言及しているが、田舎暮らしをしたいとかライフスタイルを変換したいと思っている人には、まずは試してみることをお勧めしている。とは言え、その地での暮らしを気軽に体験できる施設が全国的に少ないようなので、他地域にも普及可能なモデルとして空き家を活用した、お試しで滞在できる宿泊施設を展開（現時点で北杜市内に三棟稼働）している。

空き家を一つでも改修してそこを拠点として提供してあげれば、田舎暮らしに興味のある人達が気軽に体験することが可能となり、気に入った人は移住を考えるようになる。また、拠点での滞在機会を増やすことで現地の知り合いを作ることができ、仕事や空き家情報が得られやすくなるため、移住は促進される。

旅館やホテルのようにお客様にサービスを提供するというのではなく、友だちや知り合いを応援し、受け入れるようなイメージでやっており、料金も気軽に利用できる値段に設定している（一泊一人あたり、大人二〇〇〇円。高校生以下子供一〇〇〇円。未就学児無料）。聞いたことはないが、もしあるとしたら『泊まれる公民館』みたいなものだろうか。

下見にも

移住希望で北杜市に下見に来た経験がある方から話を聞くと、滞在中はペンションに泊まったり車中泊をしたりしていた。ペンションの場合は料金が高いので家族は連れて来れず、父親だけが一人で来るケースが多かった。車中泊が多いというのも経済的な理由からのようだ。気持ちはわかるが、残念ながらこれだと下見が不十分なものになりかねない。

①ペンション滞在の場合

コストがかかるために家族を連れてくることができなかったりで、滞在が短くなりやすい。父親が頑張って探した物件や土地も、実際に妻を連れて行ったら気に入られずに却下されるという事態が往々にして起こる。また、滞在が短いと現地に知り合いを作るのが非常に難しく、これはかなりもったいない。見て回る場所も限られるため、不動産会社や市役所など、だれでも入手できる情報にしかアプローチできなくなりがち。

②車中泊の場合

田舎では駐車料金がタダで車を停められる場所を見つけやすく、この場合、安く滞在することが可能である。これは十分な下見時間を確保できる点ではメリットがある。ただ、単独行動となりがちで、その人の性格にもよるが人との繋がりを得るのが難しくなりやすい。

このような下見方法では満足な結果は得られにくい。リアルな田舎暮らしをイメージしにくいし、具体的にどう動いて良いかも見えてこないだろう。そんな時に役立つのがお試し滞在施設なのだ。低料金なので負担が少なく利用でき、更に現地の人と知り合いが作れるので、その後の移住までのステップがイメージしやすくなる。

改修の機会も

ＮＰＯ法人みんなの街では平日のボランティアを募集しており、そこでは実地で改修作業を経験することができる。田舎暮らしと共に改修も体験しておけば、いざ自分が見つけた物件が要修理だとしても気にせず借りやすくなるし、知り合いができていれば、その改修を手伝ってもらうことも可能になったりする。

みなまちモデル

以上のように地方に移住したくても難しいと考えている人達、過疎に悩む地方の人々双方にとって好ましい流れを作ろうとしているのが、自分の運営するNPO法人みんなの街の活動である。

この活動はすでに実績があり、全国に展開すれば過疎や空き家問題、都市一極化などの問題は改善され、活き活きと生きる人が爆発的に増えると考えている。展開を容易にするために提案しているのが以下の『NPO法人みんなの街モデル（みなまちモデル）』である。

■みなまちモデル　～空き家や耕作放棄地などの活用を文化に～

1、地域に顔が利く人を確保
2、空き家や耕作放棄地などを地域住民から借用
3、田舎暮らしに興味がある人などを呼び込み、共に改修
4、改修した物件を体験宿泊施設として活用
5、そこを拠点に地元の人々との交流、田舎暮らし体験を提供
6、参加者や地元の人々が繋がり、新たな物件を借りて移住
以後、3~6を繰り返し

「空き家の再生・活用で地域活性化」というのは全国的に多くの例があるが、自分が提案するみなまちモデルには、他のケースと大きく異なる特徴がある。通常の地域活性化は活動団体が施設改修などの実働を行い、それにより他の人々がそれを活用させてもらえるようになるという流れで、活動としてはサービス提供的な意味合いが強い。

一方、みなまちモデルは「サービス」よりも「教育」に重きをおいている。自団体で施設を改修して活用するだけではなく、活用できるようになるまでの過程を多くの人々に体

験してもらい、同じようなことを自分達でもできるようになってもらうように指導している。

これには大きな狙いがある。自団体のみでできることには限りがあるが、活動参加者が学んだことを活かして、それぞれ行動してくれれば、活動は自動的に進むようになり、更に流れが加速していく。

「家を借りて自分で改修する」人が増えれば、興味を持つ人は増え、実行に移す人も増えるだろう。

アメリカなどではＤＩＹ文化が一般の人々に浸透しており、多くの人々が自分達で色々なものを作ったり直したりしているが、その文化を成り立たせているのは、周りにいる沢山の実践者の存在だ。多くの人々がＤＩＹするため、そのための店も多く、困ったときに相談できる相手も見つけやすい。素人でも気軽に手をだしやすい雰囲気があるのだ。自分は空き家や土地の活用において、そのような雰囲気を作っていきたい。

「空き家を借りて自分で直せば、あまりお金をかけずに住処が得られる。」

「既にやっている人はいっぱいいるみたいだ。」

「よし、自分もやってみよう！」

こんな感じで「移住は気軽にできる」という雰囲気を大きくしていきたい。

シェアハウス

体験に来た人が気軽に移住できるようにシェアハウスも二件運営している。お金に余裕がない人でも利用しやすいように家賃を低

く（一七〇〇〇円／月）設定しているのだが、この料金は自分が大学時代にお借りしていたアパート（キッチン、風呂、トイレ共用）の料金を参考にしている。低料金で家を貸してもらえて非常に助かったので、今度は自分が同じことを人にしてあげたいと思ったのだ。このシェアハウスは空きがあればすぐに入居できるため、NPO法人みんなの街を訪れたその日に北杜市に移住することさえ可能だ。実際に来た翌日に引っ越してきた人もいる。この気軽に移住できるという点は、実はとても有用性が高い。車のナンバーは山梨となり、北杜市在住という肩書が手に入ると、物事が非常にスムーズに進むようになったりするのだ。

例えば、県外ナンバーの車を停めて周囲の人に空き物件がないか聞き込みをしたりしていると、地元の人達からは『怪しい人』と警戒されてしまうことが結構あるのだが、その点、北杜市在住であれば怪しまれずに受け入れられやすい。また、既に移住してきていることでその土地を本当に好きなことが伝わるし、本気度がわかるので応援してもらいやすくなるのだ。

また、現地の住所登録をすることにより公営団地を借りられるようになるのも、まずは気軽に移住してみることの利点になるだろう。条件は場所によっても変わると思うが、県内在住の保証人がいることが入居資格条件の一つになっているような場合でも、現地に住んでしまえば知り合いが作りやすいだろう。

自然体験提供（ビヨンド自然塾）

自分は子供の頃から自然の中で暮らしたいと思っていたが、それはなぜだったのだろう？　明確な理由などは分からなかったが、ただ何となく自然が周りにあると気持ちが良いと感じたのだ。そして実際に自然が沢山ある田舎に移住してみると、自然の恵みの有難さや季節ごとに移ろう美しい景色などに魅了された。そしてそれらの恵みを目の前にする

と自然にそれらを活用したくなった。

それはこれまでに経験したことがない分野であり、色々と調べたり実際にやってみながら試行錯誤で進めていくプロセスは、非常に面白かった。そのプロセスは自分が社会人として働いていた研究職の時と似ており、教科書の様に教えてくれるものはなく、自らデータを取りながら答えを見つけていくというものだった。そしてこのような作業は自分に子供の時の遊びを思い出させた。

トンボが飛んでるからみんなで追いかけたり、棒が落っこちていたらそれを拾ってチャンバラをしたり……

そんな感じで周りにあるものを自然に活用して遊んだものだった。そして子供の頃は「やりたいからやる」というのが、誰でも当たり前だった様に記憶している。


「かくれんぼやりたい人、この指とーまれ！」

「はい、はい！」「俺もやる〜！」「私も入れて〜」


こんな感じで遊びは始まった。みんな純粋でわかりやすかった。でも、年を取るにつれて大分様変わりしていく。社会人になっても同じ純粋さで行動する人はかなり少数に思える。


「はい、この業務やりましょう！」

「えぇ〜、面倒くさいな。」「やりたくねぇ〜」「それって残業代出るんですか？」

「給料を貰っているから仕方なくやるけど、無償だったら絶対やらない」というような考えを持つ人が非常に多くなるのだ。

これは子供の時と随分と雰囲気が違っている。生活していくために身に着いた考え方なのだろうが、もし子供時代にこんな考えの子供がいたら、その子は中々友だちの輪に入りにくいだろう。

「かくれんぼやりたい人、この指とーまれ！」

「えぇ〜？　それ何の意味があるの？　疲れるだけじゃない？　服汚れるかもしれないし。やっても良いけど何かくれるの？」

このような子は、次から誘われなくなるのではないだろうか？　計算高く、温かみに欠ける言動は、周りからの共感を得られにくいものだが、多くの大人たちは知らず知らずのうちに、そのような言動を取りがちである。

自分だったら友だちになりたくないなと思うようなことを、自分もしていたりするのだ。それってちょっと残念な気にならないだろうか？　子供の時に持っていた純粋さ、温かみを取り戻したいと思うのではないだろうか？

前置きが長くなったが、自分はそんな子供の時の記憶を取り戻したり、ピュアな自分自身に気づいてもらうきっかけとして自然体験を提供している。

枯葉や枯れ枝を拾い、それをカマドに入れて火をつけ、その炎を見ながら味噌汁を沸かしたり、周りの人達と火を囲んで話したりすると、それだけで普段考えていたこととは違う考えや想いが浮かんできたりするものだ。

効率とかは考えず、既に十分な火力があるのにどんどん薪をくべたり、火吹き棒でふうふう空気を送って楽しんだりする。鳥の声を聴き、山の景色を見て、ただぼーっとうっとりしたりする。そんな時にふと色々な考えが浮かんだりする。

「自然って良いなぁ」

「普段は忙しすぎて仕事のことしか考えていなかったな……」

田舎暮らしの醍醐味は、都会にない自然の恵み（作物や燃料のみならず土地の広さなども含む）だと自分は思う。せっかく田舎に引っ越しても自然に触れる時間もないほど仕事ばかりしていたら都会生活とあまり差はなくなるだろう。と言うわけで田舎を訪れる際にはぜひ、自然に触れ、それを活用し、楽しむ時間を取ってほしいと思う。

もう一つ、自分がビヨンド自然塾で自然体験を提供している理由に「開拓の有意義さを伝えたい」というのがある。自分自身、木や弦が生い茂った大地を切り拓くことができたことにすごくやりがいを感じたのもあるが、それよりも何よりも伝えたかったのはこういうことだ。何かを欲したとして、ただそれが目の前に転がってくるのを待つだけではなかなかそれは手に入らない。そんな時に自ら道を切り開く姿勢を持つことが、もの凄く重要なのだ。ビヨンドの自然体験は、そんなことが少しでも伝わったらいいなとの思いで提供している。年間を通して田舎で自然を活用して暮らすための知恵や心構えを教える『生きる力向上実践講座』などもやっているので、田舎暮らしを望む人などにはオススメだ。

コラム⑥ 借りられる気がしたんだよな

自分が借りた畑を自然体験施設として利用していた際、そのフィールドに隣接したところに雰囲気の良い古民家が建っていた。体験に来る参加者には県外の方も多く、日帰りは大変だし、ある程度の日数を滞在できた方が体験がずっと深く心に染みわたる。だから自分の活動には宿泊施設の併設が必須だと感じた。それも活動フィールドのすぐそばに。そんなことをぼんやり考えながら畑で作業をしていると、ふと沸き上がった感覚がある。

「あ、この家、なんか知らないけど俺が使わせてもらえそうだ」

その家には、当時まだ五〇代の人達が住んでいたため、年齢的にいきなり空き家になるとは考えにくいケースだったのだが、なぜか自分の感覚は「自分が活用させてもらえる！」だった。

そしてその感覚は現実となった。何が起こったかはここでは割愛するが、通常では起きないようなことが起こり、更にいろいろな事柄が重なって、自分が借りられることになったのだ。

頭で考えると無理だと思ってしまうことでも、実はすんなりできてしまうことがある。自分は精神探求に全身全霊を傾けた時期があり、その経験からこれははっきりと言える。

「自分の感覚は大切にしよう！」

自分探し支援

自分が本書で田舎暮らしや自然体験を進めているのは、どちらも「人がより自由に自分らしく生きるための助け」になればいいなとの思いからである。そしてその部分をもっと突き詰めて考えたい人々のために、自分探し支援というのも行っている。

内容としては内観、瞑想、精神講座などがあるが、それらの内容については軽く紹介する程度に留める。興味がある方はビヨンド自然塾のホームページをご覧いただいたり、直接問い合わせなどしてもらえるといいだろう。ホームページには体験談なども載っているので参考になると思う。

■内観

三日間徹底的に自分を見つめ直す。なぜ今、自分がそのような状況に居るのか、自分に起こる出来事と自分の心・行動との関連性に気づくために集中した時間を過ごす。自分ひとりでは気づけないことも、サポートがあることで簡単に気づけるようになったりする。そんなサポートを提供している。

■瞑想

頭で考えても考えが浮かばないことは多々ある。瞑想はそんな時に効果を発揮する。歴史的に偉大な発明の多くは、風呂に入っていたり散歩をしていたり、どちらかというとふわっとしたタイミングにアイディアが得られている。

これは割と多くの人が体感していることだが、頑張って思い出そうと思っても全然思い出せず、諦めて思い出そうとするのをやめた後にフッと思い出す。頭で一生懸命考えるというプロセスは非常に非常に大事なのだが、それと同じようにその後のふわっとした時間もものの凄く大切なのだ。

その効果を積極的に活用するための技術の一つとして瞑想は優れているのだが、この習得は非常に難しいと感じる人がほとんどだろう。

ほとんどの人は同じ過ちを繰り返している。瞑想が何かを理解して居ないために、瞑想しようと頑張るも上手くいっていない。そんな落とし穴に落ちない方法をビヨンドでは教えている。なかなか信じてはもらえないと思うが、これを極めると未来が見えちゃったりもするようになる。

■精神講座

上記の二つは一般向けだが、より深く精神探究をしたい人のために連続一〇回の講座も行っている。ここを理解することができたら、人生は一変するだろう。心と眼の前で起きる現象との関係についての理解を深め、全てが完璧であると感じるための講座。興味を持っていただけた方は、ビヨンド自然塾のホームページを参照願いたい。

パイオニアビレッジ

具体的にはまだ進めていないが、今後やろうと考えていることにパイオニアビレッジ創りがある。利用されていない山林を活用して道を作り、小屋を建て、農的な暮らしを望む人々が暮らせる村を作りたいのだ。

＝現時点での構想＝

広さ：一〇〜二〇ヘクタール

戸数：六〇〜一二〇戸　一戸当たり約二〇〇坪
共用施設：炊事場、お風呂、トイレ、山林

近くの田畑も活用して、農的な暮らしを営めるようにする。雨水や太陽光発電により水や電気を得て、山林からの薪資源で調理やお風呂炊き、暖房などを賄えたらよいと思っている。モデルハウスとして幾つかの小屋を建てるワークショップを行い、そこで建てた小屋はお試し滞在ができるように賃貸する。ワークショップで建築に自信を持った方には分譲地を購入頂き、ご自身で小屋や家を建てて住んでいただけたら良いなと考えている。

この活動は、参加希望者がある程度集まらないと資金的に進めることができないため、興味ある方がいたら、著者まで連絡いただきたい。また山林の提供（できれば山梨県北杜市近辺）をして頂ける方がいたら、そちらもぜひ連絡してほしい。

講演、講師、アドバイザー

依頼を受け、各種講演を行っている。活動の幅が広いために講演内容は多岐にわたる。内容は左記の通り。

1、自然体験・環境
森林保全や自然活用、ツリーハウスや秘密基地制作、キムチや味噌などの加工品作りなど

2、移住促進・地域活性化
市の地域作りアドバイザー、空き家活用法など

3、子育て関係
伸び伸び子供を育てる方法、勉強の仕方など

4、精神世界
心と現実世界の関係について

第三章　田舎暮らし希望者へのアドバイス

ここまで自分が個人的にお勧めするダイナミックな田舎での暮らし方について述べさせてもらったが、次は実際に田舎暮らしを考えている方に役立つと思う事柄を記す。

まずは一歩を踏み出そう!!

自分からの一番のアドバイスは、まずは一歩を踏み出すこと。「難しそう、ここが不安……」などと不安材料について調べ続ける人は非常に多いが、それよりも一つの成功体験のほうがずっと前に進むものだ。まずは現地（候補地）に行ってみること。実際に行ってみることでその土地の雰囲気を知ることができ、具体的な暮らしのイメージも湧いてくる。

また、現地に行くことの非常に重要なもう一つの理由は、現地で知り合いをつくることができる点だ。足繁く現地に通い、知り合いができるとその土地に行くモチベーションが上がったり、自分が一人ではないという安心感も得ることができる。後に述べる土地や仕事の探し方の項でも書いたが、現地の知り合いをつくることが情報を得る重要な役割を持つのだ。また、環境が変わると考え方や感じ方に変化が現れるというのも大きい。

先日、自分が東京に行った時に思ったことがある。大都会は周りにあるもののスケールが大きすぎ、自分ひとりの力ではできないと感じやすい。電車で行ったのだが、このような移動機関を自らつくろうと思う人は少数だろうし、周りを囲むビルを見ても、自分で建てられる気にはならないだろう。食べ物にしてもお金を払って手に入れる以外の手段が見つからない。自分の力で生きていけるという実感を感じるのが難しく、自分をちっぽけな存在だと感じやすいのだ。

しかしながら、田舎に来ると違う感情が湧いてくる。空き家や田畑が使われずに放置されていて、昔の人達はそれらを活用することでスーパーマーケットやアパートなんか無くても生活していけたのだ。そう、なんとなく自分のできる範囲で活動するだけでも生きていける感じがしてくるのだ。このような安心感を得られるのは本当に大きい。そしてそれを実感するためには、まずは一歩を踏み出すのが重要なのだ。ちなみに、体験はできるだけみっちり、回数や期間をかけて行うことをお勧めする。そうでないと街に戻ったときに自分の感覚もまたすぐに元に戻されてしまうからだ。

小さな一歩が大きな一歩に

そうは言っても一歩を踏み出すのは怖いと思う方も多いだろう。そんな時はもっと気楽に、ほんの小さな一歩でも踏み出してみてほしい。いきなり大きな一歩を踏み出す必要はないのだ。例えば田舎で農的暮らしをしたいと考えているとしたら、まずはプランターで野菜を育ててみる。プランターで物足りなさを感じたら市民農園を借りてみる。やっていくうちにもっとやりたいと思うかもしれないし、思ったよりも面倒だからやっぱやるのはやめようと思うかもしれない。どちらにせよ、ただ悩んでいるよりもずっと早くスッキリとした答えが得られる。

行ってみたら何てことなかったなんてことも

移住するにあたり、不安要素について調べまくる人は多い。転校したら子供は馴染めるだろうか？　仕事は見つかるだろうか？　近隣住民と仲良くできるだろうか？

不安要素について調べ、そこで不安になるような情報を目にすると、更にその解決策や他の情報について調べ出す。ある程度やるのは良いと思うが、これは無限ループにハマることが多い。調べても調べても不安要素が次から次へと湧き出てくるからだ。そのままでは何も進まないと気づき、そこから一歩を踏み出して初めて次の景色が見えてくる。

実際に移住して来た人からよく聞くのは「あんなにいっぱい調べたりしていたけど、あんまり意味なかった」というもの。慎重になるのも良いが、ある程度のチャレンジ精神があった方が前にはずっと進みやすくなる。もちろん、痛い目を見る機会も増えるだろうが、その都度それらに対応していくことで、困難に打ち勝つ力もどんどん上がっていくというもの。そうなるとその後の展開が更に楽になっていく。

向き不向き

田舎暮らしをするかには向き不向きがある。自分は田舎暮らしを進めているが、自分の場合はそもそも子供の時から自然の中で過ごすのが好きだった。虫を捕まえたり魚を捕ったり、木に登るのが楽しかった。

しかしながら、当然そうではない人もいるだろう。まず、自然を見るのも触れるのもいやという人は、田舎暮らしには向いていない。ただ、そのような人はこの本を読んでいないと思う。この本の読者に該当するものとして、以下のようなものが思いつく。

・どうしても虫が嫌い

・夜道が暗いのが怖い
・歩ける距離にお店がないと嫌

・どうしても虫が嫌い

虫はいつも見ているうちに慣れることもある。農家にお嫁に来た人などにこのケースが多い。最初はキャーキャー言っているが、気づいたら野菜を取り扱う際に遭遇する大量の虫を素手で取り除くようになっていたりするのだ。

これは大雨の中、自転車に乗るのに似ている。降り始めは「うわー、雨だ……、濡れたくない」と思うが、とことん濡れてしまうと、それ以上濡れるかどうかはあまり気にならなくなったりする。転んで一回泥んこになると、服の汚れなど気にせずに遊びだす子供にも似ている。

・夜道が暗いのが怖い

田舎には街灯も少なく、本当に真っ暗で懐中電灯なしには歩けないような道は多い。これらの道に沢山の街燈を設置することは現実的ではないが、最近は明るい懐中電灯が入手しやすいのでそれで我慢できるかもしれない。自分の敷地内であれば、ＬＥＤランプなどの設置により簡単に改善できる。

・歩ける距離にお店がないと嫌

田舎では歩いていける距離にコンビニが無いのは割と普通。きらびやかな店は少ない。それを不便だと感じるのであれば、自らが店を開くという手があり、これはなかなか面白いと思う。

田舎暮らしが向いていないかもしれない人の例を挙げたが、逆にこれは向いているという人もいる。それは、ＤＩＹが好きな人、自分で何でもやってみようという人だ。このような特性を持つ人は、かなり素質があると言える。

田舎では活動するための土地が見つけやすく、材料なども自然から得られることが多い。自分で色々と造ってみたい人には凄く充実した時間を過ごせるだろう。

コラム⑦　死ぬほど大嫌い！　が可愛いに？

ネズミが大の苦手という子（H）がいた。Hはネズミが家の中で赤ん坊を産んで増殖しているのを目の当たりにして、ネズミが怖くなったらしい。それ以来、昔は可愛いと思っていたモモンガの小さなぬいぐるみがネズミに見えてきて、そのぬいぐるみも見たくなったという。

一方、ビヨンドに体験に来た子にゴキブリが大の苦手という子（M）がいた。Mはゴキブリが怖すぎて、東京で一人で暮らしていた際にゴキブリが部屋に出現してパニックになり、ただ布団にくるまって叫ぶしかできなかったそうだ。そして彼女はなんと、静岡に住む実家の母親に助けを求め、そしてわざわざ県外から来た母親がゴキブリを退治してくれたらしい。

「ゴキブリ一匹でわざわざ県外から親を呼ぶなよ」

と誰もが思いそうだが、パニックになり、何もできなくなった彼女がやっと思いついたのがその行動だったのだろう。それほどまでにゴキブリが苦手らしい。

自分はネズミ嫌いとゴキブリ嫌い、どちらも大変そうだったので両方とも楽になったら良いなと思い、まずはこんな話をMにした。

「自分のイメージ次第で感じ方が可愛くも怖くもなる。同じぬいぐるみなのにね。彼女の場合は可愛かったぬいぐるみが怖くなったのだけど、実はこれは逆も起こり得るよね」

「『このぬいぐるみ、めっちゃかわいい！　可愛すぎる！　あれ？　よく見たらネズミもめっちゃかわいいじゃん♡』ってね」

翌日、Mはゴキブリを見たらしい。そしてまた凄いパニックになったか？　というと……

彼女いわく、

「なんか~、今日ゴキブリ見たんですけど、ハムスターみたいに見えちゃって。全然怖くなかったぁ。アハハ」

これは凄い変化ではないだろうか? 今まで怖いと思っていた対象が自分の見方次第で全然怖いどころか可愛いく思えるようになることさえも可能だということを目の前で立証してくれた。

このMの変化をねずみ嫌いのHも目の当たりにした。今のところはまだHに劇的な変化は見られないが、少しでも今後の変化のきっかけになったら良いなと思う。

田舎暮らしで気を付けること

まわりの人と上手くやっていこうという気はあるか？

向き不向きについて話したが、それとは別に注意点もある。それはズバリ、「人とうまくやっていけるか」。田舎暮らしに限ったことではないが、これは非常に重要だ。会社の人間関係に嫌気が差し、「退職してお金のかからない田舎暮らしをすれば良いいや」的な考えを持っているとしたら、かなり危うい。

「都会暮らしが嫌だから田舎で暮らそう」というような考えの人もいるかと思うが、ただ田舎に引っ越したからと言って、幸せになれるとは限らない。できることは自分でやったり、周りの人達と上手くやっていこうという気持ちがないと、なかなか楽しい田舎生活は送れないだろう。

人が少ないから密度は低く、静かではあるが、逆に皆が顔見知りになるために距離感は近くなったりする。すべての人々と仲良くしようと無理に頑張る必要はないが、上手く

やっていく気がないと辛いものになる場合があるので注意しよう。移住した人と話して聞く困りごとで一番多いのは、この人間関係なのだ。恐らくこの点は都会も田舎も変わらないだろう。

土地の慣習

地方ならではの慣習もある。ここも少し注意が必要かもしれない。

町内会に加入すると地域の清掃やお祭り、冠婚葬祭などの催しがあり、参加しないと感じが悪くなることも。個人的にはこのような催しは、地域の人達と仲良くなれるいい機会だと思っているが、「田舎でひっそり」暮らしたいと願う人からすると、面倒に感じるかもしれない。しかし、周りの人と良好な関係を築くことができれば、参加を遠慮しても仲は悪くならない。

また、ごみの捨て方、草の刈り方など、思いもよらないことで周りから苦情が来たりもするかもしれない。そんな時こそ真摯に対応すれば周りからの信頼度は上がり、人間関係はむしろ良化していったりするのだが、そこで「そんなの聞いていない！」などと逆切れしてしまいそうな人は注意が必要だ。

また、町内会に入る際に区費というものが必要となる。これはその土地によってかなり開きがあるのだが、時に凄い高額なことがあり、加入金が一〇万円を超えることもある。町内会に入らないと町内会のゴミ捨て場にゴミを捨てることができなくなったり、周りの人と距離感がでやすいのでできるだけ加入した方がいいだろう。

しかし、都会の感覚だと「加入するだけで一〇万超えってふざけてんのか!!」と思われるかもしれないが、実は区には区の事情があったりもする。

区が凄い広い財産区（区民所有の土地）を保有しており、区民になるとその権利の一部が与えられることになるので、その資産分を加入金に含めていたりするのだ。住みたい候補地が絞られた際にはこの可能性も少し考えておいた方が良いかもしれない。

固定観念を強く持たないのがおすすめ

これも田舎暮らしに限ったことではないが、移住者によく見られるケースなので紹介する。

楽しく暮らすために移住したはずなのに、なぜか苦しくなってきた……

これは割と起こりがちなのだが、その原因として多いのが『固定観念』が強いこと。幸せになるために頑張っている人が陥りやすい。

自給自足してやるぞ！
絶対ビーガンに！
田舎をもっと効率的・生産的に改善しよう！

色々な目標をもって突き進むのだが、なぜか幸せにはならない。その意義を知ってもらおうと頑張るのだが、なかなか理解してもらえない。そしてだんだん疲れてきてしまう……。このようなケースは本当にたくさん目にする。原因は目の前のことに頑張りすぎて、本当に大切な部分が見えなくなっているということだ。

「都会のような消費社会、競争社会では、災害などの危機に襲われた時にもろい。だから自分自身で生活力を身に着けた方が安心できる！」

そんな気持ちで自給自足を始めたものの、知らないうちに自給自足を完璧にすることばかりに熱中する。そう、手段であったものが目標にすり替わってしまうのだ。熱心なだけなら良いのだが、そこにプライドやこだわりみたいなのがくっついてくると、面倒なことになる。「自分は自給自足を目指しています。」などと公言することで、引っ込みがつかなくなるというケースがその一つ。

田んぼで育てたお米が食べれるようになり、その素晴らしさを感じていたある日、知人と持ち寄りランチ会を開いたとする。そこでサンドイッチを自分は持参する。それを食べながら知人は何気なく尋ねる。

「このパンも自分で育てた麦で焼かれたんですか？」

「いや〜、これはスーパーで買った小麦粉で焼きました♪」と明るく答えられれば良いのだが、思わずこんなことを口走る。

「いや、お米は自給できているのですが、まだ麦までは手が回っていなくて。来年はつくろうと思っています。」

そして頑張って麦も自給できるようになった時、またこんなことを聞かれる。

「あら、その木皿可愛いですね。ご自分でおつくりになったんですか？」

自給自足率を高める工程自体を本人が楽しめるのであれば、バンバンやれば良いが、楽しめない範囲を妙なプライドで突き進むことで疲れてしまう人は多いようだ。何のために自給自足をしようと思ったのか、何のために田舎に引っ越してきたのか、本来の目的を忘れないようにしよう。

「老人は頭が固くて何を言ってもわかってくれない」とか「田舎は保守的だ」とか「都会人はずる賢い」とか、そういう思い込みを持ってしまうと、残念ながら本当にそのような状況をつくり出してしまう。

固定概念はあまり強く持たずに柔軟に対応していこう。

土地、空き家の探し方

情報の入手方法

最初に言っておくと、ＷＥＢや不動産屋から入手できる情報は極わずかでしかない。田舎で使われずに放置されている空き家というのは、住んでいた方が高齢で亡くなったり、施設に入ったりしたことで発生することが多い。地権者は高齢者であることが多く、そのような方々がＷＥＢに情報を上げることはほとんどない。

不動産会社に紹介してもらう場合には、地権者に瑕疵《かし》担保責任が発生するため、リスクを負いたくない地権者としては不動産会社に紹介を頼みにくい。また、不動産会社に話を持っていったとしても、不動産会社は安い物件は儲けにならないという理由で紹介したがらない。そんな背景から、ＷＥＢや不動産会社で紹介される物件は値段が高く、商業価値があるものに限られ、全体から見ると数が少ないのが現状なのだ。お金に余裕があり、探すのに手間をかけたくない人はそこで紹介されている物件を借りたり買ったりするのもいいだろう。

ではお金に余裕がなかったり、もっとたくさんの物件情報にアクセスしたい人はどうすればいいかというと、現地に足しげく通うか、仮住まいでも見つけて取り敢えず移住し、地元の人々との繋がりを構築するのがお勧めだ。そうは言っても、その仮住まいを見つけるのが難しいと思う方も多いと思う。自分がＮＰＯ法人みんなの街でお試し滞在施設やシェアハウスを運営しているのは、そのような人々を助けるためである。知り合いが増え、人づてに聞いてもらえるようになると割と沢山の情報をもらえたりする。

＊瑕疵《かし》担保責任：土地や建物などの売買物件に不具合や欠陥が見つかった場合、売主がその責任を負うこと

借りるには信頼関係が大事！

田舎では、人間としての信頼感を得るまでは情報は得られず、情報が得られたとしてもまず貸してもらえない。このことは非常に重要なのだが、なかなか気づかない人が多い。色々な人に聞いているのに空き家の情報が得られないとか、貸してもらえないという人は、もしかしたら自分自身に原因があるのかもしれない。

「田舎は閉鎖的だから貸してくれない。使わないんだったら貸してよ！」

そんな不満を抱いたりしていないだろうか？　もしそのような心持ちだとしたら、借りるのは非常に難しくなるだろう。どちらかに不満があるようでは交渉は成立しない。お互いに理解しあうことが非常に重要なのだ。

地権者の方は、高齢の年金暮らしでお金には困ってない場合が多い。そのような人にとっては、貸す貸さないの見極めは家賃収入などの条件よりも相手を気に入るかどうかの方が大きくなりやすい。気に入られなかったら、いかに良い条件を出そうとも、まるで話にならなかったりするのだ。

これは自分が逆の立場で考えればわかりやすいと思う。八十歳の自分のもとに、知らない人がお金払うから家を貸してくれと頼みに来たとする。

「貸すんだったらいろいろ片付けもせにゃいかんな」
「最近使ってないし、もし雨漏りとかあったら直せって言われそうだしな……」

知らない人、好きでもない人から頼まれてもあまり積極的にはなれないのではないだろうか？　逆に、もの凄く親しみが持てる人で応援したくなるような人だったらどうだろうか？　思わず貸したくなるのではないだろうか？

これはごく自然で当たり前のなりゆきなのだが、それを認識できない人は多い。

「お金を出すから貸してよ。草刈りもしてあげるし、管理も楽になって良いでしょ？」

といった感じで、相手にとって有利な条件を出してあげているのだから、借りられて当然という態度で望む人が多く、そんな考え方だと思うように借りることはできないのだ。ここが不動産会社のような営利企業相手とは違うところだ。まずは相手と仲良くなり、信頼関係を築くのが重要。これに尽きる。応援したいと思ってもらえたら、これ以上心強い援軍はいない。

仮にあなたが情熱に溢れ、移住したくても住処がない時にテント持参・野宿覚悟で下見に行き、下見期間の滞在のためにテントを張るスペースだけでよいので貸してくださいと頼んだとしたら、空いている土地くらいは使わせてくれるかもしれない。

そして大雨だろうが大雪だろうがそのテントで過ごしながら空き物件探しを続けていたら、周りの人は「テントじゃ大変だろう……」となんとかしてあげたい気持ちにもなるだろう。もちろん皆にテント持参で野宿しろと勧めているわけではなく、打算などよりも情熱の方が伝わるということを伝えたいのだ。そしてそれだけの情熱と覚悟を持って行動してほしい。

人口密度が低く人間関係が密になりやすい田舎において、信頼度を上げるのは本当に重要である。これは何度言っても言い過ぎではない。と言うのも、何度言っても、その重要性を認識できない人が多いからだ。

空き家を借りられないと言う人は多いが、その人達に共通して感じることがある。

「私は頑張っているのに全然上手くいかない……」

彼らからはそんな雰囲気を感じるのだ。自分はこのような雰囲気を持っていることにそもそも違和感を感じる。

ビジネスの世界で揉まれたせいか、入社面接の練習のし過ぎなのか自分にメリットを得ることばかり考える人が非常に多い。綺麗ごとを言ったり、上手いこと言ってやりすごそうとするのだ。自分は、こんな気持ちで接してこられても心に響かない。魂が震えないのだ。自分が空き家を借りたとき、自分の場合は相手にメリットが得られるように頑張ることはしなかった。自分は自分のまま、思いのままを相手に伝えただけだ。

当時自分は経済的余裕がなかったため、「賃料は払えないが物件は貸してほしい」という図々しい申し出をした。そして、実際に無料で貸していただいた。賃料が無料の上に固定資産税は相手が払ってくれるという破格の条件だった。通常はこのような申し出は受け入れられないことが多いだろう。しかし自分の場合、条件は多少違えど、いつも同じようにありのままに話し、有難くお借りすることができている。こうして活用を許された物件は一〇軒にもなるので、偶然ではないのがわかってもらえるだろう。

ビジネス的、競争主義的な考え方が染み付いている人からしたら「そのような交渉術では上手くいくとは考えられない……」と思うかもしれない。だが交渉術というワードが出てくる時点で、自分からすると違和感を感じるのだ。

自分に有利になるように相手と対峙するということは考えていない。気に入られようと、自分自身を卑下しようとも思っていない。

図々しいと思われるかもしれないが、自分の場合はいつも相手を友だちのように接している。友だちが面白そうな漫画を持っていたとしたら「ちょっとそれ貸してよ」と言うのは何も珍しいことではないだろう。自分はそんな感じで家や土地を借りているのだ。

打算なくこんなことを言えるのは、自分が本当に相手を身近に感じているからだ。この感覚が物件を借りたくても借りることができない人との決定的な違いだと思う。「自分は頑張っているのに全然上手くいかない……」という態度に違和感があるのは、このような背景があるからだ。

友だちから漫画を借りるのに頑張ったりするだろうか？　逆に、やけに頑張ってくる人がいたら、そんな人は本当に友だちなんだろうか？

「今日俺ん家に遊びに来てくれよ。頼むよ！　来てくれたらおやつも出すし、漫画も貸してあげるからさ！」

打算なんかしているようでは相手に気に入ってもらえないということが理解してもらえただろうか？　友だちにもなりたくないような人に、家は貸してくれないだろう。周りの人々と仲良くし、人々のためになると思うことを進んで行おう。そうすれば、気づくと自分も手を差し伸べられるようになる。

色々なタイミングで視察を

候補地を決める際には、色々なタイミングで現地を視察することをお勧めする。自分は夏涼しいところが好みなので、今住んでいるところを気に入っているが、冬温かいところを望む人には向かないだろう。つまり夏だけ訪れて涼しくて良いなと思っても、冬を体験していないと辛い思いをする場合があるということだ。

また、天候もチェックしておいた方が良いだろう。南の島に住みたいと何年も憧れ、移住を夢見て田舎暮らしのスキルを学んでいる人がいた。「そんなに南の島に住みたいのなら、まずは現地に入り、そこで過ごす時間を長くとった方がいい」と伝えると、その人は島で仕事をしながら滞在してみることにした。そして気づいたらしい。冬は雨か曇りばかりで気持ちが鬱々としてしまったのだとか。そして、結果としてその島への移住はやめにしたそうだ。こういうことは結構多いので、色々なタイミングで色々な場所を視察することをお勧めする。

立地　隣の家との距離

自分の住む山梨県北杜市には空き家が非常に多いが、それらの多くは元々別荘として使われていたものだ。不動産情報としても紹介されることが多く、集落にある空き古民家などと比較すると、非常に借りやすい。だが、物件の立地が別荘地か集落によってその後のライフスタイルに大きな違いが出ることが多いので、そこは最初に考えていたほうが良いだろう。（第三章「人間関係　地域との関わり」参照）

隣の家との距離も割と重要である。鶏などの動物を飼おうとする場合、音や匂いなどが近隣の迷惑にならないよう気を付ける必要があるからだ。周りに家がない場合はそういった気を使うことは減るが、大雪が降った時の雪かきは、すべて自分でしなくてはならなくなったりするので注意が必要である。

山林が近くにあると薪の調達が容易のため、薪ストーブが使いやすくなる。竹林があると竹を便利に使うことができる。陽の当たり具合もちゃんと見ておいた方がよいだろう。陽が当たらない場合、冬は寒く、洗濯物が乾かなかったりする。

仕事の探し方

生活の糧として、仕事が得られるかどうかを気にする人は多い。都会に住んでいる時の感覚で収入条件を求めるとなると、それに見合う仕事は限られてくるだろう。しかしながら田舎では、空き家や田畑などを活用して生活コストを下げることが可能なため、給料が安くても自由が多い職場を選ぶことができるようになる。退職し、自由を求めて移住してくる人は、正社員以外の働き方を志向する人が多い。せっかく自然豊かな田舎に来ても忙しい会社に入り、仕事に追われたとしたら、何も変わらないからだ。そういう人達は、知り合いを通して紹介してもらう日雇い的な仕事をするケースが多い。業種は農業や福祉施設、他には草刈りや剪定手伝いなどの何でも屋的なものも。

また、田舎に移住してくる人の中には自ら起業する人もけっこう多い。庭にかまどを自作し、縁側で気軽にパン屋を始めたりする。本格的に開業する前に、まずは自宅で始め、知り合いなどに販売するのだ。性に合わなかったり、反応がイマイチな時には辞めても良いし、起動に乗るようであれば本格的な開業を目指してもいい。最初から大きな初期投資をして始めてしまうと、もし途中で嫌だと思っても、もったいなくて辞められなくなってしまったりするので、まずはお試しから始められるといいと思う。

また、仕事の探し方として一般的なのがＷＥＢやハローワークなどでの情報収集だが、個人的におすすめなのは知り合いからの紹介だ。田舎の場合、農家や大工などの個人事業主が結構多く、人手が足りない場合はまず知り合いに声をかける。それゆえ現地に知り合いを増やし、希望の職種で人を探しているところがないかを聞いてみるとよい。知り合いが増えれば増えるほど、自分の信頼度が増せば増すほど声をかけてくれる確率は上がっていくだろう。これは仕事のみならず、空き家などを探すときも同じである。

地域との関わり・人間関係

地域との関わり

これは田舎も都会も同じだが、近くに住む人との仲が悪くなると、途端に生活は面白くないものになってしまう。都会に比べると田舎の方が周りの人とのかかわりは深くなりがち。身近に住むほとんどが知り合いのため、道ですれ違う人全員と挨拶するのが普通なんていう地域もある。人数が少ないためにクラスが一つしかなく、保育園から中学校までほとんど同じメンバーと過ごすことになったりするので、絆は深まりやすいと思う。

ただいつも同じメンバーでいる場合、仲が悪くなってしまったは時には大変だ。気が合わないなら他の人と遊ぼうという選択肢が取れないとすると、行動が保守的にならざるをえないかもしれない。田舎は保守的だと言われることが多いが、その背景にはもしかしたらそんな事情もあるかもしれない。

関わりが深くなるということはもちろん面倒くさいこともあるだろう。しかし、逆に素

晴らしいこともたくさんある。最初はよそ者とみなされるかもしれないが、仲良くなると本当に面倒見よく付き合ってもらえる。仲良くなるには少し努力が必要かもしれないが、仲良くなれたらもっと豊かで充実した生活を送れるのでぜひトライしてほしい。

協力しあえる人間関係を築こう！

自給自足に憧れ、すべてを自分でまかなえるようにしたい！ と意気込む人は多い。

頑張るのは結構だが、変なプライドを持ち、自分で全部できないと恥ずかしいと感じるようだと苦しむだろう。

先にも述べたが、縄文時代の人は仕事時間は短かくて心に余裕があったようだが、それを可能にしたのは人々の協力体制だと自分は思っている。獲物が捕れた時、自分だけで独り占めせずに仲間と分けて食べたのだろう。そして仲間も獲物が捕れた時には人に分け与えたのだろう。

人里離れてひっそり暮らしたいというのであれば否定しないが、それは今、体が健康で困ってないからそう思えているのかもしれない。土砂崩れや大雪などの災害時には、自分だけではどうもしようがないことが起こりえる。そんな時に助けになるのはやはり近くに住む人々なのだ。

二〇一四年に自分の住む山梨県で歴史的な大雪被害が起きた。雪で孤立し、寒さや飢えで人が亡くなるほどの事態が起きた。FacebookなどのSNSでは「孤立して動けない。助けて」のような書き込みが多くあり、ボランティアがそれらの救援に向かった。

自分もボランティアとしていくつかの場所に向かい、作業をしたのだが、その時に強く感じたことがある。大雪で車の移動も難しい中、頑張って現地に赴いたのだが、そこにはたくさんの家が建っていた。老人が多いということはあったかもしれないが、おそらく若者も住んでいた。

もし身近な人同士で助け合う関係を築くことができていれば、わざわざ遠くの人達に助けを呼ぶ必要はなかったはずだ。これは非常にもったいないことだと思う。実際、自分が助けに行く途中に雪で道を塞がれて行けなかったケースもあったが、近くの人達であれば、歩いて駆けつけることができただろう。

農作業のやり方や家の改修の仕方など田舎暮らしスキルの向上に熱心な人は多いが、実は本当に重要なのは人々と協力しあえるか　どうかなのだ。

自分は自然体験施設を始めて一〇年ぐらいになるが、このように続けてこられたのは人々と協力しあう関係を築けていたからだと思う。自分一人では手が足りない時に応援に来てくれたり、足りないものがあると進んで提供してくれたりする人々がいたから活動を続けてこられている。

普通は自分や家族のことばかり優先して考えがちだが、もっと広い視野で、周りの人と共に一緒に幸せになるような考えを持てるとよい。一人でやるのは凄く大変でも二人や複数人だと簡単にできる作業は沢山ある。

自分で何でも色々頑張ろうとすると、それができるようになるまで時間がかかり、無駄に忙しくなる。時間に追われ、自分のことだけで手一杯になると、他の人のことなど考えられなくなる。人に手を貸してあげられないと、当然のことながら人も自分に手を貸してくれない。

重たいものを運ぶ時に反対側を持ってくれたり、何かを固定して釘を打ち付ける時に支えてくれたり、そんなちょっとした助けがもの凄く大きかったりする。そして何よりも有り難さを感じ、幸せを感じる量も増えるのだ。その感情がまた人々と協力しあうことへのモチベーションとなり、結果的に人々から協力してもらえる流れを生むのである。

一人でなく二人一緒なら「苦しみは半分、喜びは倍増！」みたいなことはよく言われるが、まさにそんな感じだ。失敗はネタとして共に笑い合えるし、上手くできた時はその成果を見せ合って喜び合える。この効果は本当に大きい。

「協力し合えばいいことぐらいわかってるよ」

「そんなの当然だよ」

と思うかもしれない。だが本当にそれを実行している人は数少ないように思える。学校の勉強で例えると、自分の成績を上げようとテスト勉強に必死になっている人がいたとして、自分だけでなくクラスや友だちの成績まで上げるように努力する人はどれぐらいいるだろうか？

バスケットボールに例えるとこんな感じになる。一対一のディフェンスの練習をしているとする。自分が敵に抜かれないために一対一の練習だけをしてして、カバー（見方が抜かれたらその敵を自分も守る手伝いをする）の練習をしなかったらどうだろう？

個人プレーができてもチームとして考えたら非常に弱いのではないだろうか。そもそも一対一のスキルをあげれば絶対に抜かれないのであれば良いが、そうはいかないものだ。

また、「人には得手不得手がある」ということも協力し合うことを進めている理由の一つである。学校で習う様に全ての教科が全部できる必要はない。数学が得意であったり、それが楽しかったのであれば、それに重点を置いたらよい。数学が苦手だけど国語が得意な人と協力し合えば、結局は両方ともお互いに教え合えるようになるのだから。

学校と違い、人生においてはテストを一人で受ける必要はなく、一人で頑張る必要がないことを知っているか知らないかで大きな違いが生まれる。これは何度繰り返しても言い過ぎることはない。

人々と協力しあおう！

コラム⑧ 応援の連鎖

自分の活動は多くの人達に応援してもらえているからこそ成り立っている。自分が直接知らない人からも協力したいという連絡を頂いていて、それらの人にどのようにして自分の活動を知ったのかを聞くと、ホームページやブログを見てという人もいるが、知り合いから話を聞いたと言う声が多い。要は人づてに聞いたということなのだが、ここで面白いのはその経由した人が一人だけではなく複数いるケースが多いところだ。

例えば、ビヨンドにAさんが来て自分と話す。Aさんは Bさん、Cさんに自分の活動のことを話す。CさんがDさんに話す。Dさんがビヨンドに資材を持っていきましょうかと連絡をくれる。そして更にDさんは、EさんやFさんにも自分の活動のことを話してくれたりするかもしれない。

自分はそういうことが起きていることを知るたびに凄く温かい、有難い気持ちになる。自分のことを本当に心から応援したいと思ってくれる人がいると感じるからだ。そしてそれは自分が情熱的に生きているおかげだと思っている。

ぜひ応援したい！　と気持ち一〇〇％で思われるのと、まぁ上手くいくと良いね（五〇％）で思われるのでは、その後の展開にもの凄く大きな開きが出る。ぜひ応援したいと思ってくれる人はほぼ確実に周りの人に声をかけてくれるが、その気持ちが強くなかったら、わざわざ自分からその話を持ち出したり、他の人に頼んだりまではしないだろう。

人づての連鎖が一回だけでなく、二回、三回と続くとしたら、それはよほど話を聞いた人の心が動いたのだと思う。そんなことを感じるからこそ、本当に自分は幸せだなぁとしみじみと感じるのだ。

「むろちゃんだから貸すのよ」

家を借りるときに言ってもらえたこの言葉も深く胸に残っている。

できれば若いうちに

移住してきた人からよく聞くのは「もっと早くから来ていればよかった」という言葉。自分も移住したのは三〇代だったが、そのタイミングは今思い返しても凄くよかった。

自分は荒地を開拓して楽園をつくろうと思っていたので、それには体力が必要だった。お金に余裕がなかったためチェーンソーや草刈機などの高価な道具は揃えられなかったが、斧やノコギリ、鎌などの安価だが労力のかかる道具でも切り拓くことができる若さと体力があった。

もちろん移住するタイミングは人それぞれだが、若く体力があるうちであればできることの選択肢は格段に上がるということを覚えておいてほしい。

自由は責任を伴う

「会社勤めとか嫌だし、面倒な人付き合いもしたくない、私はただ自由でいたいの」と思う人は多い。思うこと自体は良い。不自由な生き方をしていたとしたら、それを変えるきっかけにもなるのだから。ただ、自分はそのような人達にこのことを知っておいてもらいたい。『自由は責任を伴う』ということを。

自分は多くの人と接していてるが、そのことを念頭に置いている人が本当に少ないと感じる。どういうことかというと、考え方や姿勢が非常に甘い。

「自由にはなりたいけど、辛いことはしたくない」

というような考えを持っているように感じるのだ。実際の行動がそれを物語っている。これまでに働いていた職場についての不満は言うが、それを解決するために自身がベストを尽くしたかというと実は何もしていなかったりする。現状にただ不満を言うだけでは自由を獲得することはできない。

自ら改善策を提案したり、それが却下されたとしてもまずは自分でやってみせたり、それでも通じないようであれば理想とする環境を自ら創り出すようでなくては、真に自由を獲得するのは難しいだろう。そしてその難しさを感じているからこそ、大抵の人はリスクを取らずに済む被雇用者としての生き方を選んでいるのだと思う。厳しいと思われるかもしれないが、これは肝に銘じておいて欲しい。『自由は責任を伴う』ということを。この覚悟を得ることができれば、あなたは真の自由に確実に近づくだろう。

第四章　よくある質問

本書を手に取った人々の中には次のような感情を抱く人が多いかもしれない。実際に自分の所（NPO法人みんなの街やビヨンド自然塾）を訪れてくる人々も最初は皆そのようなことを言っている。

しかしやはり話を聞いたり実際の生活を見ると、考えが変わる人が多い。だから安心してほしい。そのような不安は気付くと吹っ飛んでいたりするのだから。

本当に田舎に行けば自由になれるのかな？

勘違いしないでほしいのだが、「田舎に行くこと」＝「自由になること」ではない。ただ、田舎には食べ物や住処など生きるために必要なものが手に入りやすいという非常に大きなメリットがある。このメリットを活かせば経済的制約などが緩まり、自分のやりたいことを実現しやすくなると思う。実際に移住した人の声で多いのは、「情報に振り回されなくなり、目の前のやること、次にやりたいことに集中できるようになった」というようなもので、経済的制約が緩まった後は自分達の好きなことに時間を多く使えているようだ。

このような田舎暮らしのメリットを活かすことができれば自由になりやすい。ただ田舎に引っ越してもメリットを享受できなかったり、都会生活と同じ価値観で生活するとしたら、自由度は都会にいた時と変わらないだろう。

上手く行く人はいるだろうが、全員上手くいくとは限らない

これはその通りであろう。ただそれを理由に動けなくなる人と覚悟を持って動く人では大きな差が出るということは覚えておいてほしい。実際に移住した人も最初は同じような感情を持っていた場合が多い。ただ、移住後には「前は心配ばかりしていたけど、来てみたらあの心配なんだったんだろう?」という人が結構多いのだ。こういうケースを沢山見ているからこそ、不安に悩むのも良いが、まずは一歩を踏み出してみたら? と感じるのだ。どのみち一歩を踏み出さない限り何も変わらないのだから。

利便性はどうか？

バスや電車の本数が少なかったり、駅が遠い場合には車の必要性は高い。自給率を上げたり通販を活用したりして買い物に行かないのであれば、バスや自転車で足りることもあるだろう。公共機関などのインフラや学校、病院等の位置情報はインターネットのgoogle mapなどを見ればすぐに確認できる。

昔は田舎は不便と言うイメージがあったが、今はかなり便利になってきている。携帯やインターネットが繋がらないようなことはほとんどないし、アマゾンなどの通販で物を手に入れることも簡単になっている。昨今はパルシステムや生活クラブなど、食糧を宅配してくれるサービスも発達しており、それらの利用も可能である。また、コロナ禍を機に仕事もオンライン化が進んでおり、通勤に関しても考える必要がなくなっていくだろう。

経済的にやっていけるのか？

この質問は非常に多い。実際、お金に対する不安感が払拭できないために踏み切れないという人が非常に多いのだ。今の時代、この価値観が悪循環にハマりやすいポイントなのだろう。

「お金がないと生きていけない」

この不安感によって行動が制限されてしまうのは非常にもったいない気がする。お金のパワーが強すぎて何もかもお金に頼る癖がついている。

自分の場合はお金よりも『自由』の方が優先順位がずっと高い。だから、お金があろうが自由でなければ全く嬉しくない。

ただ、お金がないと自由が制限されるケースはもちろんある。だからその点においてはバランスを取る必要があるだろうが、自分の場合だと優先順位が高い自由を基準に行動の選択肢をとっている。そして、自分の心が盛り上がるように素直に行動していると、遊びが収入を生む仕事になったり、いろいろな人から応援してもらえるから面白い。

もちろんこれは誰しもに当てはまるケースではないかもしれない。しかしやっぱり自分は思う。


「お金のことばっかり考えて取る選択肢って本当に面白いの？」

「実際にこれまでそれで幸せだった？」


社会的な競争に巻き込まれて疲れ気味な人が田舎でゆっくり暮らそうと考えることは多いだろう。しかしそんな時にお金のことばかり考えてしまうと、状況は何も変わらないままだ。

一般的には、地方では高収入の職を探すのが難しく、都会に比べて収入は減ることが多いため、買い物好きだったり支出が多い人は家計的に難しいかもしれない。ただこれは田舎だろうが都会だろうが同じで、収入が多くても都会で賃料の高いマンションに住んでいたり、子供の習いごとに高い費用がかかればバランスをとるのは難しいだろうし、田舎で低収入だとしても自給自足率を高め、周りの人々と協力して物を融通しあう関係が築ける人は問題なくやっていけるだろう。

実際、自分は田舎暮らしをして最初の八年くらいは年収が四〇万円くらいだったが、なんとか暮らすことができた。（途中、自分の収入の低さに焦って妻は働きに出たが）

東京から仕事を辞めて北杜市に引っ越し、自分が運営するシェアハウスに入居された方の例を挙げると、週三日ほど午前中だけ農家にバイトに出るだけで暮らしていけると言っていた。そのシェアハウスは光熱費込みで月二万円なので、普通に月に三日もバイトすれば寒さをしのげる家は手に入ることになる。農家バイトの場合、ハミダシものの野菜を持ち帰ることもでき、その場合は食費もあまりかからなくなるのだ。携帯を持ったり、嗜好品を買ったり、他にお金が必要な場合にはバイトの日数や時間を増やせば対応できるだろう。

現地に知り合いを作れば非常に安くまたは無料で家や畑を借りることができたりもする。更に、これらの物件を複数人で利用すれば、家賃・光熱費を更に低額に抑えることが可能だ。また、公共の団地などを活用するのも便利だ。実際、自分は移住の際には利用させてもらったが非常に助かった。終の棲家にするつもりはなくても、このような拠点があれば腰を落ち着けて物件や仕事を探したりできるようになる。このように支出が低い環境を手に入れた場合には、収入が少なくてもやっていけるはずだ。

　では具体的にどこまで減らせるかというと、それは人によるので一概には言えない。極端な例でいうと、畑付きの小さい家を安く手に入れて月一万円弱で一人で暮らしている人もいる。そもそも土地付きの家を買うのが難しそうだと都会に住む感覚だと思うかもしれないが、地方では昨今ほぼ無料（一〇〇円）で手に入る物件がたくさんある。

　もちろんそのような物件では改修が必要なことは多いが、自分で直したり改修費用を抑えることも可能なので、さほど問題はないだろう。月一万円とは行かなくても月五万円程度で暮らしていくことは十分可能。もちろん無理に切り詰める必要はなく、自分の心地よい支出金額に合わせて収入を得るようにすればよいだろう。支出を減らすと働くのに必要な時間を減らせて楽になるが、支出を切り詰める際に無理があるとそちらもストレスになるのでバランスは大事である。

仕事は見つかるか？

第三章を参照してほしい。地方の小さい仕事では特に、条件の良い仕事というのは人づてでしか得られなかったりする。信頼できる人を獲得するために普通は知人から声をかけるからだ。それでも集まらなかったような時にハローワークや他の情報誌に情報を流すことが多い。

また、知り合いからの紹介というのも非常に強い。一度呼ばれて働きに行き、そこで喜ばれると他のところからも声がかかってくる。こんなサイクルでひっきりなしに声がかかる人もいれば、全然声がかからない人もいる。声がかかる人は仕事の内容や待遇に不満を持ったりせず、どんな仕事でもきちんと依頼人の役に立つように考えながらこなす。

逆にせっかく仕事を与えてくれた人に対して感謝の気持ちも持たずに仕事内容に不満を感じるようでは、その後に他のところからも声がかかりにくくなる。「この職場嫌だから次行こう、次、次！」というような感情は言葉に出さずとも伝わるのだ。そしてそのような態度は周りの人にも伝わっていく。口コミは非常に協力なのだ。

「田舎には仕事がない」とよく言われるが、実際にその地方に生まれた人は普通に仕事をし、生活することができている。やる気さえあれば雇ってくれるところを探すのはそれほど難しくないのではないだろうか？

また、やりたい仕事が見つからない場合、自分で起業するのも手だ。田舎が不便だと思う人がいるということは、提供されるサービスが足りていないということになる。その足りていない部分を自ら補うようなサービス提供を収入源にすることも可能だろう。

そして最近ではパソコンさえあればリモートでできる仕事も増えている。田舎でも大抵の場所ではインターネットが繋がるので、都会生活時のツテ等を利用してリモートワークをするのも手である。

「仕事がないか不安……」

このような不安を持つ人のほとんどは収入面ばかりを考えて職を探そうとしている。それだと都会と比較して田舎では条件の良い仕事は見つかりにくいだろう。

しかし、ここはよく考えてほしい。なんのために田舎に移住しようとしているのかを。

自分が幸せになりたいからではないだろうか？　幸せになるには必ずしも高収入である必要はない。余計なプライドや見栄でお金を浪費したりする癖がある人は、それを改めて支出を減らすだけで選択可能な職は増えるだろう。

「今の会社辞めたら次の就職は難しそう」

このような声もよく聞く。実際、同じような待遇の職を見つけるのは難しいかもしれない。しかし生きるために必要な分のお金を得る手段がまるで見つからないなどということはないと自分は思っている。

コラム⑨ お金が無くてもできたりする ～心の姿勢～

「お金が無いからできるわけない」

こんなことをいう人は凄く多い。もはや口癖になっているかもしれない。お金があるのと無いのでは、もちろんある方が楽にできることは多いだろう。しかし、お金が無いからと言って絶対できないというわけでもないのだ。

自分の周りで起こっていることを少し紹介する。自分は自由な暮らし方、考え方を人々に伝えるために生きていると思っている。その思いや感覚が非常に強いため、経済的に立ちゆくかどうかは無視して、自分がやるべきことを進めてきた。このことで家族には経済的な迷惑をかけてしまっているが、有難いことに活動は続けることができている。最初に経済的にできるかどうかを計算していたら、今のような活動はそもそもすることはできなかっただろう。計算したら無理に思えることでも、本気でチャレンジすると道は拓けたりする。ここが人生の面白いところだ。

味噌を作りたかったとき、原料の大麦が必要だったが、それを買うお金の余裕がなかった。しかし、タダで手に入れることができた。大麦を無償で頂いて自分の麹を作り、大麦をくれた人に自分で作った麹をあげることで、大麦の料金を相殺させてくれたのだ。また、料理教室で使うために大量に麹を仕込む際に、業者に麹仕込みを依頼したのだが、その業者は自分の活動について知っており、自分が頼んでもないのに向こうからこんな有難い提案をしてくれた。

「知恵を貸してほしいのですが、もしそうしていただけるのであればお代はいりません」

このような連鎖はその後も続き、家をタダで貸してもらったり、車をタダで譲ってもらったりできている。家の改修などに必要な資材なども多くの人達から提供してもらっている。

ここが非常に大事な点なのだが、これらのことが連鎖的に起こっているのは自分が本気で情熱を傾けて活動してきたからだ。お金がないからできるわけないよね……なんて言って何もしていなかったら、確実に起こらなかった出来事ばかりだ。その人の本気度や情熱という心の姿勢はスキルや知識などよりもはるかに強かったりするので、ぜひ覚えておいてほしい。

空き家って借りられるの？

これに関しても第三章を参照してほしい。仕事探しと同様で周りの人々と仲良くするのが一番である。自分の得になるように計算高く立ち回ろうとしても大抵うまくいかない。それよりも純粋に周りの人達と仲良くしようという気持ちを持つことが重要なのだ。これは空き家の情報が得られるからだけでなく、情報を得た後にその物件を借りられるかどうかにも強い影響を及ぼす。

日本は人口が減少している。家や土地は余っていくのだから、住むための場所確保はしやすくなるはずだ。諦めずに探していこう。

田舎暮らしで困ったことは？

自分の場合は特にない。移住者の知り合いは多いが、彼らからの困ったという話もあまり自分の耳には届いていない。虫嫌いな人が、虫が嫌！　と言ったことは聞いたことがある。地域との交流が少なくて寂しいという声も聞いたことがある。

集落に馴染むのは難しい？

これは努力次第。一般的には別荘地よりも集落などに住み込む方が地元の人に溶け込みやすい。また、集落によっても溶け込みやすさは異なる。そこの風習が部外者を遠ざける場合もあるし、長老が一人毛嫌いしてくるだけで受け入れられるのがもの凄く難しくなったりもする。そして、そんな話を何度も聞くうちに地域に溶け込むのは難しいと思い込んでしまっている人も多いようだ。

しかしながら、そう悲観する必要もない。実は先ほどのような例でも移住者側の人柄や努力で結果ががらりと変わってくるからだ。同じ区でも「閉鎖的だから仲間に入れてくれない」と憤る人もいれば、すんなり仲間に入れてもらえている人もいたりするのだ。

やはり鍵になるのは信頼関係。お互い理解し合おうという姿勢があって初めて受け入れてもらえるようになるのだ。移住者が外部から引っ越してくることに対してあまりよく思わないという人と話をしてみると、その背景は大体同じで、「前に嫌な出来事があった（と聞いた）から」。

自分が住んでいる山梨では戦争時に都会から沢山の人々が疎開して来たらしい。その際にそれらの人々はご飯は食べるくせに農業用水路の掃除などをしなかったり、態度に気に入らないところが多々あったという。自分はこのことを聞いたときに「面白いなぁ」と思った。そんな昔のイメージがまだ残っているのだ。

自分は元々、町に住んでいたが、田舎に比べて、町に住む人々の方が生活態度が悪いという印象は持っていない。用水路の掃除の仕方がわからずに勝手に変なことして迷惑を掛けたら嫌だということで消極的な動きをしていたとしても理解できる。お互いにコミュニケーションができていればあまり大きな問題にならなかったような気もする。

過去のイメージがもの凄く今に影響を及ぼしている。イメージの影響力は甚大なのだ。ということは逆に良いイメージを与えることさえできれば、「移住者が来てくれると嬉しいから大歓迎！」というようなことを何十年も後まで言ってくれるかもしれないのだ。

「そんなにイメージの力が強いのであれば、良い方に上書きしたら劇的に変化しちゃうな♪」

知らない人とコミュニケーションを取るのは苦手という人は多いかもしれないが、だからといってコミュニケーションを取る機会を避けてばかりいては一向にコミュニケーション能力は上がっていかない。ぜひ、気軽に地域の人々と話をしてみてほしい。

また、子供がいる場合は地域に馴染むのは比較的容易となる。子供達が保育園や学校に通うようになると、行事やＰＴＡの集まりなどを通して知り合いを作りやすいからだ。

家の改修やセルフビルドなんて素人でもできるの？

これは多くの人が不安に思うことだろう。しかし知識や経験がなくても本人のやる気や本気度次第で可能なのだ。実際自分も建築に関しては素人だったが古民家を改修したり小屋を建てたりすることは問題なくできている。今の時代はインターネット等で分からないことを調べやすく、便利な工具なども入手し易いので意外と何とかなるものだ。もちろん本職と同じレベルの仕事をするのは難しいだろうが、とりあえず自分の住処を確保するレベルになるのはそこまでは難しくない。

不安を払拭するにはまずはやってみるしかない。いきなり自分一人で作業するのは怖いという場合は、他でやっている人のところにボランティアに行ったりワークショップなどに参加するのがお薦めだ。自分の運営するビヨンド自然塾でもボランティア受け入れやワークショップなどをしているので興味がある方は連絡を。

開拓なんて個人では無理じゃない？

「田舎で放棄されている農地や山林の活用を勧めてはいるが、普通はそんなの個人ではできないんじゃない？」と多くの人が感じると思う。実際、簡単ではないケースも多いし、女性や高齢、障害があったりしたら難しいかもしれない。しかしながら、今は活用されていない土地がもの凄く多いので、わざわざ難しい土地に手を出さずとも自分の手が届く範囲の土地を探したらよいと思う。また、一人でやろうとすると無理なことでも協力者を見つけ出すことができれば一気に開拓は進むだろう。

独り身じゃないと動きづらくない？

移住時、自分は妻と小さい子供二人がいる家族持ちだったが、それが移住をしにくくさせたとは感じていない。むしろ子供がいると小学校などのＰＴＡとして周りの人達とつながる機会が増え、地域に馴染みやすくなって有難いくらいだ。子供達にも自然豊かなところで生活させてあげたいという気持ちもあったため、モチベーションも高まった。母子二人で移住してきた人の場合も、自分ひとりだったら寂しかったが、息子がいてくれて良かったと言っていた。

ただ一人身と違い、養育費などの費用を捻出する必要は出てくるため、仕事の選択が収入などで制限されることはあるかもしれない。小さいお子さんがいて大変な場合には保育園などに預けることを考えても良いだろう。

平日に助けてくれる人なんか見つからなそう

自分は改修も開拓も一人でやろうと力まずに人の協力を得ることを勧めているが、ここが難しそうと感じる人もいるだろう。確かに平日に自由に動ける人は少ないし、わざわざ自分のために手を貸してくれる人を見つけるのは難しいと感じるのは当然かもしれない。

ただ、そう思って行動しなければ間違いなく見つからないままだが、「助けなんかなくても自分一人でやってやる！」という気概で始めさえすれば、「面白そう、俺にもやらせて」と言う人々は現れるだろう。「本当かよ？」と思う人は立場を変えて想像してみてほしい。

自分が田舎暮らししたいけど難しそうだしな……と悩んでいる時に友だちが「俺、田舎に古民家借りて改修始めたんだけど一人じゃ無理でさ、もし良かったら手伝ってくれない？」と頼まれたらどうだろう。会社を休み、有休を取ってでも駆けつけてみたいと思ったりしないだろうか？　実際に一歩を踏み出した人の光景を見てみたいと思う人は沢山いる。自分が一歩を踏み出すか、踏み出さないか、この違いはもの凄く大きい。

社会から逃げたと思われたくない

こんな気持ちを抱く人も少なくはないようだ。逃げという風に感じる人は確かにいるかもしれない。しかし自分はそうは思っていない。頑張ってそこでやり通したいと思いながらも辛くてそこから去るのであれば、逃げと呼べるかもしれない。しかしながら、やりたくもないことを無理してやるよりも、本当にやりたいことするために進むのであれば、それは逃げとは言わないだろう。

コラム⑩ 忙しいとは心を無くすこと

自分の活動を応援してくれている人がこんな話をしてくれた。

「忙しいという字はどういう意味かわかるか？ 忙しいという字は心を亡くすと書く。そう、忙しいと心が無くなってしまう。これは本当に悲しいこと。」

そして忙しい人が非常に多いことを大変残念に思っているようだった。

なるほど、「心を無くす」か。確かに目の前のことに囚われすぎて、本当に重要な自分の心の中を見なくなるというのは、心を無くすと言っても過言ではないのかもしれない。漢字もよくできているものだ。

さて、似たようなエピソードがもう一つある。

いつも自由に生きている自分を見て知人が言った言葉を紹介する。

「室田さんはいつも自由でいいね。自分はね、この歳になっても全然自由がない。監獄ってあるでしょう。あれは悪いことをした人にバツとして自由を奪うことなの。だから自由がないっていうのはね、監獄にいるのと一緒よ」

これらの話をしてくれた二人は両方とも年配の方なのだが、長い人生を生きた経験からしみじみとそう感じたのだろう。

人生の先輩達の経験から学ぶものが大きいと思うのは自分だけだろうか？

自分がいい歳になった時、人生を振り返ってどう思うだろうか？　悔いのない人生だった！　と思えるように今を生きているだろうか？

第五章　住みよい環境を作るために

行政は民間とうまく連携を！

行政は個人に比べて大きな力を有するため、環境づくりには大きな役割を果たせるだろう。その行政がうまく機能するためには民間などとの連携が重要だと思っている。

自分は活動を始めるに当たり、市に移住促進・活性化の提案をさせていただいたのだが、それは当時受け入れられなかった。北杜市が問題としていた過疎化や耕作放棄地、放棄空き家の増加、獣害被害などは自分の活性化案でまとめて改善できると思ったのだが、市としては興味深くはあるが動きにくいとのことだった。自分からすると、

「市の財源と人材があればこんなの簡単にできるんだから、ささっとやっちゃえば良いのに」

と思ったが、市が動きたくないのであれば仕方がない。

私はまずは自分一人でもやってみせるとの思いで活動を開始した。具体的に行ったの

は、まずは空き家を借り、それを自ら改修して誰もが気軽に泊まれるお試し滞在施設を開設。そして自然体験、田舎暮らし体験とともに移住相談・アドバイスなどを提供した。

二〇一五年にNPO法人みんなの街を立ち上げて活動を開始。活動の甲斐あってか二〇一八年には月刊誌『田舎暮らしの本』の「住みたい田舎町ランキング」で北杜市が全国一位に選ばれた。また、活動を通して数十組が北杜市に移住してきた。

それらの実績が認められ、二〇一八年に北杜市がNPO法人みんなの街の活動と協働してくれた。市がやらないからと自分で始めたお試し滞在施設だが、結局はその後に市も施設を用意し始めた。自分がやって見せたことで、市もやる気になってくれたのだろう。個人レベルでやるだけでも成果をあげられるのだから、市が本腰を入れてちゃんとやればもっと簡単にもっと早く、より大きな成果を出せたはず。

自分の感触としては、行政職員はあまり新しいことにチャレンジしたくない人が多いように感じる。失敗して市民などからクレームが来ることを恐れている人は多い。また上司としても、クレームが来そうなことを自分が認可すると、何かあった時に自分がまずい立場になるかもしれないと考え、無難なもの以外の提案はあまり好ましく思わないようだ。

これは本当にもったいないことだと思う。行政が自分自身で動きにくいのであれば、積極的に民間に任せたり協働するようになれば、お互いに楽になり、住みよい環境が自然に増えていくだろう。

自分の知見を活かしてアドバイスすることもできると思うので、過疎化に悩んだり、地域活性化を望む地域の行政関係者で興味がある方は連絡を頂きたい。また大学のゼミなどの教育機関の方も、話をしに行ったり、研修を受け入れたりは可能なので気軽に相談してほしい。

やる気がある人と繋がり、自ら環境を創っていこう！

地方には空き家や活用されていない土地がたくさんあり、それらの活用は多くの人達が自由に生きるための助けとなる。お金がなくてもやる気がある人達にとって、お金に縛られずに生きるチャンスが与えられる。

しかしながら残念なことに、それらの資源は活用されずに埋もれているのが大半だろう。空き家バンクなど行政の支援策もあるが、やはりまだまだ不十分で、活用促進のための満足な環境は作られていないといっていいだろう。

行政等が自発的に動くのを待っていても何も変わらないかもしれない。そんな時は自分で動いてみよう。一人で行動するのは難しいと思うが、同じような気持ちを持つ仲間が集まれば非常に心強い。土地を開拓するにしても空き家を改修するにしても、一人より複数人の方が断然やりやすい。労働力もそうだが、モチベーションや知恵の点でも大きな助けとなる。特にその分野での経験者が味方に来てくれる場合には、非常に大きな力となってくれるだろう。

今の時代はインターネットで全国と繋がれるので、身近に理念が合う人がいなくても掲示板やSNSなどで似たような思いを持つ人に出会える可能性もあるので試してみよう。

自分もfacebookグループを作ってみたのでよかったら使ってみてほしい。

https://www.facebook.com/groups/681762706453900
自分が運営するビヨンド自然塾のようなコミュニティに滞在してみるのもおすすめだ。似たような思いを持つ人々に会う機会がたくさんあり、しかも実際に顔を合わせることは、ネット上だけに比べて非常に大きなつながりを持てるようになるからだ。

自ら考え、行動力がある人を応援する仕組みを！

自分は空き家を借りて改修した際、資金がないために資材を買うことができなかった。必要となる工具を買うのも難しく、自分は公的な活動を行政に代わってしているつもりだったので、市に資金支援を打診したが断られた。

そこで民間の助成団体に応募し、一つだけ援助を得られた。一年間で三〇万円。自分が会社員をしていた時であればすぐに稼げるような額だったが、もの凄く有難かった。

自分の活動の意義を感じてくれたのも嬉しかったし、活動に必要な資金を得ることができたからだ。

そして他にも支援してくれる助成団体がないか調べたのだが、そこで気づいたことがある。活動の経費として他人に払った分や、新品でなにかを購入した分の費用は計上できるが、助成申請者本人である自分自身の人件費や中古で物を買ったり、自然素材を自分で入手するような場合には経費として計上できないというのがほとんどだった。

この仕組みはもの凄くもったいないと思う。自ら「自分で何かしよう！」と気合が入っている人を応援する仕組みになっていないからだ。自分はＮＰＯの理事長をしており、自分がほとんどの作業をしたとしても、それに関しては人件費としては計上できず、他人に謝金を払ってやってもらった場合は経費として助成してもらえる。これはこれで有難いことなのだが、この仕組みだとほとんどの人は自分でやることを放棄したくなってしまうと思うのだ。これは本当にもったいない。

自発的に活動するために団体を作るよりも、どこかの団体に依頼されて手伝いに行く方が経済的に支援してもらえるというのだから、本気で何かを成し遂げたいという人は出にくいと思う。また、中古はだめとか自然素材を活用する場合には助成対象とならなかったりするルールももったいないと思う。

自分は畑を借りた際、県から重機で開拓してくれると言われた。開拓にはたしか二〇〇万円ほど？　かかるがその費用は県が持つので自己負担はいらないという話だった。むしろ自分自身で開拓したいと思ったのでその話は断り、自分でやるから半額の一〇〇万円でもいいので補助してもらえるかと尋ねると……

「その場合は一円も出ません」

というのが回答だった。

やる気がある人には支援せず、業者に丸投げした場合にはその費用を支援してくれる。自分はお金がなかったのでチェーンソーも買えず、斧やノコギリ、かまなどで開拓することになった。まぁ実はそれがまた楽しかったので、自分にとっては良い思い出なのだが、そのような条件であれば、業者に丸投げしちゃおうという人がほとんどではないだろうか。

シカやイノシシが畑に入って作物を食べてしまうので、防護柵を作ろうとした時、市が獣害対策として防護柵の作成には補助を出すと聞いた。自分は渋い景観が好きなので、電気柵ではなく竹で柵を作ろうと考え、普通の安い柵の三分の一で良いから補助できますか？　と聞いたら、その時の答えも同じだった。

「その場合は一円も出ません」

空き家の活用や地域活性、里山保全、子供達の健全育成などさまざまな分野の助成について調べたが、ほとんどが似たような感じだった。もし共感してくれる助成団体の方がいたら、ぜひぜひ、やる気のある申請者本人が応援してもらえるような仕組みを作って頂きたい。

コラム⑪　獣害と狩猟　地獄？　天国？

お金と仕事を求めて人々が都会へ移動したために、里山は過疎化し、人の気配が減った。特に若者が減り、残ったのが老人だったため、獣は脅威を感じずに里に降りてきやすくなった。結果、農作物は獣達に荒らされ、それを苦に田畑を諦め、更に人の気配が減るという悪循環が起こっている。これは獣害と呼ばれ、問題視されている。

このように問題視されるのは農家目線、作物を食べる消費者目線が社会の大多数ゆえだろう。狩猟という観点から見ると、今のように優遇されている時代はこれまでなかったのではないだろうか？　自分のところに研修で来ていた大学生から聞いた話だが、東北地方ではマタギと言って狩猟を生業にする人がいて、彼らにとって獣は生きるために必要な商品である。生活がかかっているため、その商品を手に入れることができるかどうかが非常に重要である。そこで必然的に他のマタギとの獣の争奪戦が始まるのだが、それがかなり熾烈なようなのだ。今の話か昔の話なのかはわからないが、山でライバルのマタギ同士が出会うと戦いが起こり、相手の指を切り落として銃を撃てないようにしてまで獣の独占を狙ったりしたそうだ。

狩猟を生業にする人にとってはそれほど重要であった獣が、今の時代、捕り切れないほど近くを徘徊している。奪い合いどころか、捕獲すると県などから報奨金までもらえる（獣害対策）。近くに住む老人から聞いたのだが、彼らが子供の頃は、戦後まもなくで食べ物が少なく貧しかった。今のようにスーパーで気軽に肉が買えるわけでもなかったので、それに代わるものとしてカエルや蛇、ハチの幼虫などを食べていたらしい。その時は獣害なんて言葉はなく、もし鹿が山を降りてきたりしたら喜んで皆で追って食べるとのことだった。

さて、獣害と問題視されるこの状況、うまく活用できたら実は凄く有難いことなのではないだろうか？

競争的な生き方以外の選択肢の周知を

この国では「こう生きるのが正解」という答えが何となく醸成されていて、そのレールに乗るのが当たり前で、そのレールから逸れると不安を感じやすい構図になっていると感じる。自分としては、

「実はもっと沢山の選択肢があるよ。たとえ周りに理解されなかったとしても、とれる道はあるんだよ」

ということを多くの人に知ってもらえたらと思っている。

学校では成績が良い方が良い
周りに迷惑をかけないように気を配れるのが良い
大人になったらお金をきちんと稼ぐのが良い

それらの考えは幸せに直結しているとの見解から発生したはずだが、はたしてそれは正しいのだろうか？

技術も進み、物が溢れる現代において、皆が当たり前のように幸せに生きられているかというと残念ながらそうではなく、『日本に住む一五〜三九歳の若者の死因の第一位は自殺』（厚生労働省）というデータもある。元気なはずの若者が自ら命を断つというのは、社会が常識・当然とみなし、こうあるべきと考えている生き方には無理があり、不自然だからではないだろうか？

日本人は責任感が強く、自分のことよりも仕事などに重きを置きがちのようだ。海外では仕事よりも自分の人生を楽しむことに重きを置く人をたくさん見たが、それは文化の違いだと思う。

ここで面白い話がある。自分が富士フイルム時代、海外勤務を希望しようかと考えていた時、上司がオランダ工場の様子を教えてくれたのだが、それはこんな話だった。

「オランダでは現地の従業員がマイペースで、上司が話している最中だろうが終業時間が来たら皆、帰ってしまう。ヨーロッパはそういう文化なんだろうね」

「あぁ、良いですね。家庭やプライベートを大事にしているんですね。じゃあ僕もあっちに行ったらプライベートを楽しめそうですね」

「え？　そんなわけないだろう？　日本から派遣される従業員は、日本勤務と同じで仕事が終わるまで帰れないよ。当たり前だろう？」

自分はこの上司の考え方は凄いと思った。そして、こんな考え方が日本では割りと一般的だと感じている。

読者の皆さんはどう感じただろうか？

自分の場合、何が凄いと思ったかというと『日本と海外では文化が違うからしょうがない』と当たり前のように結論付けていたところだ。自分がオランダ生まれでオランダで現地採用されたのであれば、オランダ人として自由に振る舞っても良いが、日本で生まれ日本からオランダに赴任した場合には自由が許されない考えに大きな違和感を感じたのだ。

もしかすると、一旦日本の富士フイルムを退社してオランダに引っ越し、何食わぬ顔でオランダ工場に就職したら現地人採用として扱われるかもしれないが、これってなんだか面白いと思う。ただ何となく『文化』としてだけ認識して、実際に目の前にいる人をしっかり見ていないからだ。

これは何を意味するかというと、常識や文化と呼ばれるものは割りと基準があやふやなもので、簡単に上書きできる可能性が高いということだ。

「今までは日本は仕事最優先みたいな考えだったけど、もうそんなの古いよ。むしろ今では日本の方が海外よりも自分の人生優先する人が多いよ」

みたいなことを多くの人達が言い出し、新聞やテレビなどのメディアでも報道され始めたとしたら、これが新しい文化として浸透していくと思うのだ。

そのためにはまず、心から自分の人生をちゃんと満喫するために自由に生きようという気概がある人が増え、実際にそのように生きる人を多くの人達が目撃することが重要だ。

という訳で自分が提案したいのは、特に就職する前の若者達に「競争的な生き方以外の生き方」という選択肢があることを実感できる機会を高校や大学などの教育機関や団体、行政などが積極的に与えていくことである。

例えばこんな形が考えられる。

・色々な生き方をしている社会人の先輩を呼んで座談会
（成功者と呼ばれる人だけに限らず）
・進路指導などで大学進学以外の道があることを積極的に伝える
（勉強が得意な子にも）
・お金に依存しない生き方として自給自足的な田舎暮らしなどの体験学習
（年間を通して米作りなど）

関係者の皆様にはぜひとも積極的に進めていっていただきたい。

自分が力になれること

地域活性化の協力（みんなの街モデル普及）

自分は山梨で空き農地や空き家などの地域資源を活かして自由に生きる生活スタイルを提案し、地域活性化と都市などからの移住を同時に促進する活動をしているが、山梨だけを推しているのではなく、このみんなの街モデル（第二章「自分の活動」参照）を他の地域にも展開し、住みよい環境づくりをしたいと思う人が全国的に増えればいいなと考えている。

そのために自分にできることと言えば、自らの山梨での活動やそれまでの人生における経験をもとに他地域にアドバイザーとして伺ったり、講演をしたりすることが考えられる。

地域活性化に取り組んでいる地方自治体や、学校、任意団体など、興味を持っていただけた場合には気軽に連絡いただきたい。メディアの取材などもできるだけ引き受けようと思っている。（連絡先は第六章「最後に」に記載してあるのでそちらを参照）

パイオニアビレッジ（開拓村）作り

自分は山梨にパイオニアビレッジを作りたいと考えている（自分の活動〈ＮＰＯ法人みんなの街、ビヨンド自然塾〉参照）。自分の理念を理解し、山林を自由に使ってよい（譲渡）という方がいたら連絡いただきたい（できれば山梨県内）。有効に利用させていただき、そこの地域の活性化に繋げたい。

開拓や道づくりのための重機を貸してくれるような人も大歓迎だ。個人ではなく県有林など、行政からの活用委託なども受け付けている。使っていない土地を地域活性や幸せに暮らすための福祉的利用を促進するのに役立てたい。

アメリカのオレゴン州の都市、ポートランドの様に自然に即した暮らし方をするモデル地区となれば都会からの移住者は増え、ＳＤＧｓも促進し、少子高齢化も改善できるという素晴らしい例を日本から世界に発信できる。

第六章　最後に

ダイナミックな田舎暮らし、いかがだっただろうか？　冒頭にも書いたが、自分はただ田舎暮らしを勧めているのではない。自由に生き生きと生きる人が増えてほしいと思っており、田舎暮らしはそのための手段の一つとして提案しているのだ。

自由に生きるか周りに流されるか、それはあなた自身が決めることで、結局、自分自身なのだ。本気で進もうと覚悟が決まれば道は拓ける。そこが弱いと道は見えてこない。だが大丈夫。あなたは生きていける。そのために必要なものは田舎に溢れているのだから。不安要素ばかり考えていても前には進めない。お試し感覚でまずは第一歩を踏み出してみよう！

生きていける安心感があれば、もっと大胆に人生を冒険できるだろう。歌を歌いたい人は歌を歌い、絵を描きたい人は絵を描こう。踊りたい人は踊ればいい。

そう、もっと自分自身が喜ぶ生き方をしたら良いのだ。

本書を読み、少しでも自由に近づける人が出たなら、それに勝る喜びはない。道が拓けた人がいたらぜひ直接、私に報告を送ってほしい。ブログで紹介したり、自分のもとに来た人達に直接話したりすることで、更に多くの人達に勇気を与えることになるだろう。

ＮＰＯ法人みんなの街　ビヨンド自然塾　代表　室田　泰文
Email：minamachi.yasu@gmail.com

体験者の声

最後にビヨンド自然塾やＮＰＯ法人みんなの街を訪れて活動に参加してくれた人々やその後に実際に移住してきた人達の体験談を掲載する。

活動体験者の声

・室田さんが力を入れる、迷える人・生きにくさを感じる人達が自分らしく楽しい人生を見つけるためのサポート活動。都会や組織での息苦しさを感じる方にはぜひおすすめしたいです。大自然の中で視野を広げ、優劣やジャッジのない世界を体感してみてくださいね！

・一言で感想を言えと言われれば、「まじで行ってよかった〜〜〜！」これに尽きます。

自然に囲まれて、自分の手を動かす生活をしていると、ある日、ビヨンドの畑を歩いている時にふと、「生きるのってこんなに楽しいんだ!」という気持ちが自分の中から湧き上がってきました。そしてそう思った自分に対して、「自分はただ生きたかっただけなのかもしれないな」と思いました。

・ビヨンドに来るまでは、全ての事を独力でこなし、世間から距離を置いて自給的に暮らすことを人生の目標にしていましたが、家作りの体験をきっかけにその目標を捨て、どうすれば人と協働しやすくなるかを意識するようになりました。

・ヤスは押しつけがましいことは何にも言わないのに気付かせてくれた。体験させて、体験を分かりやすく説明してくれた。世界は自分で変えられる、信じる心、溢れる情熱。多数派でも少数派でもいい、自分で自分の一生を笑顔にしよう!って教えられた気がする。

・室田さんは初めから実践させてくれるし、しかも考えさせてもくれるし、そして、分からなかったら、こういう考え方もあるよって教えてくれるので「なるほど！」となります。経験しておくと、変えるだけではなく、方法を『足す』事ができる、それを一瞬で教わりました。力を使わずにですね。

・僕から見れば、学校も会社も自分のやりたいことと異なるものを押し付ける場所だと思っていた。「自由を奪う場所」だと。しかし、室田さんはそんな場所でも自由を獲得していた。何が違うのか？　自分の目標に対してベストを尽くし、「自分ならできるはずだ」、そう自分を信じること。そしてベストを尽くす姿を周りに見てもらい、しっかりとした結果を出すことで、周りの人に「こいつには自由を与えても大丈夫だ。信用していい。」、そう思わせること。自由が欲しいと思っていたけど、自分を信じる力が足りていなかった。信じる力の不足は、自分の成長力を弱めてしまう。昔の自分なら、自分を信じて努力することを煩わしく感じていた。最近は、「もっと自分を信じて成長したい」、そんな気持ちが芽生えてきている。

・初めてのことの連続でしたが、スタッフの皆さんのおかげで伸び伸びと楽しむことができました。そして、自然の中で身体を動かすことはやっぱり気持ち良いなと再確認。Beyondには、情報に溢れた世の中とは違う空気感が流れていて、とっても居心地がよかったです。

・室田さんは明るく励まし続け、作業を根気強く指導してくださいました。これには頭が下がります。できなかったからといって自分を責めたり卑屈になったりする必要はなく、心を落ち着けてひとつひとつクリアしていけばいいんだという姿勢を学ぶことができました。今は、できるかできないかわからないけど、とにかくやってみよう。そんなポジティブな構えを身につけられました。

・ビヨンドの雰囲気は何か作業がうまくいかなかったり失敗したりしても誰も責めない怒らないし、じゃあ次はどうしようかって考える。何が起こっても笑える。そんな雰囲気。それって実は自分の今までの環境にはあんまりなかったなぁと思います。その雰囲気が安心できるのかも。

・原始的生活に慣れれば、この先生きていけるなと確信しました。周りの人と仲良くなる力があれば、里山や田舎でお金に頼らず生活できると思いました。「日本が生きづらい」って決めつけていたけど、日本の社会の仕組みや政治を抜きに考えて、日本は自然が豊かで、その中で暮らせることを知らないだけだと気づかされました。

実際に移住した人達の体験談

活動を通して実際に移住してきた人達の体験談も載せておくので参考にしてほしい。

ANさん

自分にとって居心地の良い生き方を選んだら、ここ（北杜）にいました。まさに気付いたら移住していたという感じ。

そもそも移住したいという強い願望はなく、大好きな山が見え綺麗な川の流れる所に住んで、縁側でのんびりお茶したいな程度のぼんやりとした思いでした（笑）。

移住のきっかけはビヨンド。自分は、移住前に世界を二年半程旅してたのですが、コロナの影響もあり帰国。最初はまっとうな社会人に戻ろうと就活してたのですが、なにせ世の中は緊急事態宣言中。前職の旅行業界も、これから生業としようと思っていたヨガ関連も軒並み開店ガラガラ（休業中）。まだ世界一周を続けようと思ってたので幸い貯金もあるし、しばらくヨガの勉強したり、ボランティアでもしようと思っていたら、フェイスブックでビヨンドのボランティア募集の記事を発見。気付いたらビヨンドに行って、一ヶ月近く滞在しててました。

そこでビヨンドのスタッフや滞在者達に会い、「日本に戻ったら日々の生活を丁寧に慈しみ、綺麗な景色の所でのんびり暮らしたい」と世界一周中に思っていた事を思い出しました。

世界一周してた時、人生を自分の力で切り拓いていく感覚で、「何をしても生きていける」という変な自信があったんですよね。世界には貯金がなくても、安定した仕事がなくても笑って人生を楽しんでいる人がたくさんいる訳です。むしろ日本みたいに将来の不安から、今を我慢している人が少数派というか。

「何をしても生きていけるなら、今したい事しよう。」そんな風に思っていたらビヨンドのシェアハウスに空きが出たので引っ越し、あれよあれよという間に北杜にいた感じです。

今は、ライフワークであるヨガを教えながら、知人のうどん屋さんでバイトしたり、早朝知人の畑を手伝ったりしています。趣味も楽しみたいので、基本的には週に二日は仕事をいれず完全フリーに。ご近所さんから畑も借りて、野菜も作ってます。

シェアハウスで暮らしているので、家賃他生活のコストがあまり掛からなく、野菜のもらい物も多く（自分の畑の収穫も）食費はめちゃ安です。

休みの日は山を登ったり（周りは山ばかり）、野菜作ったり、保存食とかパンとか料理を楽しんだり、シェアメイトとおしゃべりしたり、日々の生活を楽しんでいます。あまり仕事の事は考えずに移住したのですが（考えろって）、移住して交友関係が広がっていくうちに仕事も見つかり、好きな事しかしてないけど生活出来てます（笑）。仕事を見つけてから移住、と考えてなかなか移住出来ない人は、まず移住しちゃうのも手かも。なんとかなるものです。

自分の直感でここに住みたいなと思う所は、多分自分に取って相性が良いのかな。似た者同士が惹かれるといいますし。

今住んでる北杜は移住者が多いのですが、移住するような人はそもそもフットワークが軽いっていうか、自分が好きな事に対して行動的。なので、こんな事したいなと思って話していると、それが実現できる協力者を紹介してくれたりして、願望実現のスピードが早いのなんのって。気づいたらますます暮らしが豊かで楽しいものになってます。シェアしたり、助けあったりしながら、出来る人が出来る事をすれば良い今の環境が、ホントに心地良いです。

朝焼けや夕焼けに染まる山の美しさ、透き通る川のせせらぎ、鳥やカエルの声、朝露でキラキラする野菜達、そのどれもが愛おしく。好きなもの（環境、もの人）に囲まれて暮らす豊かさに毎日感謝です。

今の生活は満足してますが、状況が変われば親の介護とかで地元に戻るかもしれないし、あんまり「移住」自体には執着してません。

こちらで出会った人々も畑も仕事も全ていつか変化してしまうかもしれないからこそ、今を大事にこれからも北杜での日々を楽しもうと思います。

TSさん

一、生計（仕事、生業）

生計は色々なものを少しずつです。農家バイト、肉屋のレジ、山の手入れ、縄文のレプリカや工作の仕事、たまにフラメンコライブとレッスンなど。

二、移住して良かったこと、残念だったこと、困ったことなど

あくせく働かなくても、のんびりしてても煽られないでいられる環境、良い景色、土が近い、美味しい空気と水、何かやろうと思うとすぐ協力者が現れ、応援してくれる人の多いところ。

ググらなくても手の届く範囲に解決策が見つかったり、情報をシェアして助け合えるし、残念だったり、困ったりしてもそれをネタにしてシェアハウスの仲間と笑いと学びに変えられるからほぼ問題なし。これはシェアのメンツの素晴らしさによる所が大きい。

三、移住先で周りの人に打ち解けることはできたか？

元々の社交性もあるのか、問題なし。知り合いが知り合いを紹介してくれて芋づる式に増えるし、仲良くなるスピードも早い。人口少ないから、知り合い同士助け合っている。

四、その他

東京にいた時は考えられないくらい、同じ指向を持つ方に沢山会う。その地域を選ぶ時点で、そういう傾向になるのかなぁ？

五、移住の際に室田の活動で役に立ったこと

室田さんのゆるい空気感にやられました。あれ、もしかしてなんとかなるんちゃう？モジモジしてても始まらないし、やってみよー、と腰を軽くさせてくれました。

MAさん

自分が北杜市に移住したきっかけはビヨンド自然塾で開催された自然建築の小屋づくりワークショップに参加したことです。

その後にビヨンドのボランティアとして活動していた一年半の期間、月半分は埼玉の実家へ戻り、リラクゼーションサロンのチェーン店で働いていました。その後地域おこし協力隊としてビヨンド自然塾で活動できることになり、現在三年目です。

埼玉の住宅街出身で、小さいころから森や自然や生き物が大好きな子供でした。もとも

と子供のころ夏休みには家族で毎年北杜市に遊びに来ていたので、北杜市の良さは知っているつもりでした。しかし実際に住んでみると、遊びに来るよりも多くの良さを知ることになりました。四方に広がる山々の姿をいつでも見ることができて（富士山、南アルプス、八ヶ岳、茅が岳など）季節や天気により移ろう姿を日々の中で感じられるのはとても心が安らぎます。散歩が絶景です。実家へは二時間ほどで帰れるし町までは車で十五分。

特別不便もなく静かで自然豊かで、生産者さんが身近にいて新鮮な果物や野菜がすぐに買えたりいただけたりします（自分でも作っていますが）。自然の中でそれぞれ工夫を凝らした素敵な個人店がたくさんあり、美味しい体験もできますし、マルシェやイベントなど表現や芸術活動も盛んです。市内の図書館は充実していますし、甲府へ行けば映画館もあります。都会の道路と比べて空いていて走りやすいので、運転のストレスがありません。以前は長崎の離島や和歌山の山奥に暮らしていたこともあるのですが、比べてみて大変さや不便さはあまり感じません。ほどよい田舎なのです。

このあたりは移住者の方や地元の方が入り交ざる地域ですが、有難いことに地元の方に畑を貸していただけていたり、お野菜や果物を分けていただけたり、物の作り方を教えていただけたりしています。高齢の方も多いので、何か困っているときにはこちらができることをお手伝いさせてもらうなど、交流を持つようにしています。

困ったことは、しいて言うならば都会と違い家と家の距離が離れているため、子ども同士で気軽に集まって遊ぶというのがしづらく送迎が必要なこと。意外と近くに公園がないこと。

冬が寒い（承知の上）。車の運転ができないと不便なこと。

室田さんと一緒に活動をさせていただいている中で学んだこと、感じたことがいろいろありますが、特に信じることの大切さ、覚悟をもって生きることの大切さ、全体の幸せを考える姿勢に影響を受けました。室田さんに出会えたことで人生の捉え方が変わりました。どんな時もナチュラルに超ポジティブな姿勢は、多くの人を勇気づけることと思います。

室田　泰文（むろた　やすふみ）
ビヨンド自然塾代表
特定非営利活動法人みんなの街理事長
1973年生まれ、神奈川県出身。京都大学大学院工学修士。
富士フイルムで化学研究員として五年半勤務後、「自分は何のために生まれて来たのだろう？」という哲学的な疑問が芽生え、その問いの答えを求めて精神探求を開始。9年の探求で得た知見を伝えるための施設＝ビヨンド自然塾を立ち上げ。参加者の経済的不安を取り除くために、食住の充足感を感じてもらい、自分自身の内面に向き合う心のゆとりを持てるようになってもらっている。誰もが笑顔で、自分の気持ちに素直に生きる世界を創るのが最終目標。

2015年に空き家、耕作放棄地の有効利用や移住支援などを行う団体、ＮＰＯ法人みんなの街を立ち上げ。こちらも活動中。

ダイナミックな田舎暮らしのススメ
～純粋に幸せに向かって生きる方法～

2024年3月10日　発行

著　者　室田　泰文
発行者　向山 美和子
発行所　㈱アスパラ社
〒409-3867 山梨県中巨摩郡昭和町清水新居102-6
TEL 055-231-1133
装　丁　㈱クリエイティブ・コンセプト
印　刷　シナノ書籍印刷㈱

ISBN978-4-910674-08-7